史上最高の経営者モーセに学ぶ
リーダーシップ

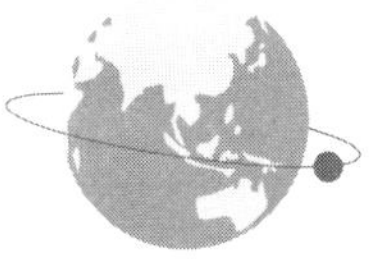

デーヴィッド・バロン著
協力　リネッテ・パドワ
熊野　実夫訳

セルバ出版

MOSES
ON MANAGEMENT

50 Leadership Lessons From the Greatest Manager of All Time

DAVID BARON
with LYNETTE PADWA

日本語版への序文

敬愛する小泉総理閣下

あなたは、あなたの国民の希望を実現することを委任された代理人であるリーダーであります。同時代の若いリーダーとして、あなたは、さまざまな源泉から得られる知恵を尊重されることと思います。あなたのインスピレーションの源の一つとして、謹んで本書をあなたにささげます。

お国は今、大きな変化の時代を経験しつつあり、リーダーであるあなたには、国民にこの時代をなんとしても切り抜けさせることが求められております。

言葉を実現させる力をもつリーダーシップの手本の一つは、エジプトで奴隷をしていた人々を自由の民へと変革させる間に、ユダヤの人々を導いたモーセの経験であります。人生を奴隷の観点から見る人々を、いまや自由となり、遊牧の生活に伴う急速かつ激しい変化にさらされる自由の人々へと変革するには、人々の意識に大きなパラダイム・シフトが起こらなければならなかったのであります。

そして、このパラダイム・シフトのためには、新しく生まれた子が親になるまでの期間を必要としました。

お国は、現在の困難を切り抜けるためには、その過去からもっともすぐれたところを汲みだし、さまざまなところから生き残りの技術を選び取らねばなりません。

ユダヤの人々は、難局に直面するたびに入念に事実を調べ、その解決法を考え出すことによって、生き残り、また、繁栄する方法を、その逆境から学びました。紅海を分けるとか、水を出すために岩を打つといった奇跡的な行為はいつも望まれることでありますが、状況に応じて考え方と行動を変え、新しい考えを出していくことが欠くことのできない味方となるものでありましょう。


お国の人々は、ユダヤ人と同様、家族、教育、勤勉、誠実さといった共通の価値を尊重してきました。

荒れ野（不確かさやストレスに満ちた時代）から、約束の地（安全、平和、繁栄）に人々を導くにあたり、モーセは、人々一人ひとりに犠牲を払うこと、またその犠牲を人々全員が共にすることを求めました。モーセはまた、その目的を達成するため、神の導き（インスピレーション）、問題の実際的解決（思慮・分別のある解決）、賢明な助言（よき助言者）を利用しました。

モーセは人でありましたから、それなりに誤りを犯したことは事実です。しかし、そのたびに彼は学び、成熟していきました。こうして人々も経験を重ね、知恵を深め、生き残りの技術を身につけ、成長し、ついに目的を達成したのであります。

戦後、文字どおり灰燼の中から立ち上がり経済大国になった日本の人々の回復力は、人々が回復の種子を自分たちの中にもつことを証明するものであります。「火事で焼けた家の煙がまだ消えない内に、はや復興の槌音が聞こえる」という悲惨な火災に関するお国に古くから伝わる言葉は、この理想を証明するものでありましょう。

偉大なリーダーは、粘り強さというこの種子を育て、次世代への遺産をつくり出します。モーセが後継者ヨシュアに与えた言葉をもって言えば、「ハザック、ハザック、ヴェニットハゼック、強くあれ、強くあれ、そしてお互いに強め合おう!」であります。

ラビ・デーヴィッド・バロン

二〇〇一年九月

本書を、私の息子ジョナサン・ラドナー・バロンと次代のリーダーにささげる。

まえがき

☆経営者として一番大切な仕事ーリーダーシップ

歴史上最高の経営者という表現は、大胆な主張であるかもしれないが、モーセがその名に値することを否定する人は少ないであろう。

神の助けを借りて、モーセは、強力なエジプトのファラオを打ち負かし、六十万人の奴隷を隷属の身から解放して、一つの国民に造り上げた。モーセとイスラエルの人々が、荒れ野で暮らした四十年間に、モーセが創り出したおきては、ユダヤ教、イスラム教、キリスト教の倫理的基礎となった。

しかし、モーセが今日、職を求めてその経歴書を提出したならば、熟練した職業斡旋人でも、モーセに仕事を見つけてやることはできないであろう。その人物像が次のように描かれている人間を経営者として雇うということが想像できるであろうか？

◆人の先頭に立つことを好まない
◆吃音である
◆人付き合いが悪い

◆山頂で徹夜の祈祷をすることを習慣としている
◆会社のミッション・ステートメントを破りすてるといった気性の激しさ
◆話すよりも殴りかかる
◆争いを暴力的な方法で解決する
◆最終的な目的地に到達することはできなかった

聖書や通説の伝えるところによって知られるところによれば、モーセは矛盾のかたまりのような男であった。モーセは、出エジプトを率いる反抗的な、気分屋の羊飼いであったのであろうか。それとも、チャールトン・ヘストンが映画「十戒」で描いたような神に似た解放者であったのであろうか？

だれかほかの人を見つけてお遣わしくださいと神に頼みこんでいるかと思えば、次の瞬間には、ゼウスのように紅海を大股で歩いている。

聖書は、モーセを、欠点の多い、また人々への思いやりの念が神へのコミットメントとは両立しないことに悩む挫折感をもつ男として描いている。いずれにせよ、モーセは、きわめて不確実な世界に活躍したきわめて複雑な男であった。

こうした点から、モーセの物語は、今日のわたしたちにきわめて大切なものとされる物事を見抜く眼と、リーダーシップの技術を提供する。

現在の生活にみられるあらゆる問題―倫理基準のあいまいさから、その不確実性や冷笑的態度ーはモーセの時代にあっては、現在と比べて、十倍も多かった。わたしたちは、倫理指針についてて確信をもっていないかもしれないが、モーセは倫理指針を自分でつくり出さねばならなかった。

わたしたちは、経営の目標の達成に当たりいくつもの困難に出会うかもしれないが、モーセは、生気のない無力なイスラエルの人々を「約束された」地を目指して、地図のない荒れ野を導かなければならなかったのである。絶望に打ちひしがれている元奴隷の集団を前向きの自由の闘士に変革するという大きな仕事を実現しながら、自分の使命を発展させていったのであった。

それはまさにパラダイム・シフト［ある社会・時代の支配的な考え方、行動の仕方の変革——訳注］であった。

モーセは、解放者、立法者なかんずく仲裁者として尊敬されているが、ときたま聖書に触れる人で、モーセの物語にみられる、リーダーシップに関する大切な教訓に気づく人は少ない。

本書は、その教訓を現代に生き返らせようとするものである。

聖書は、章によってはごくわずか、また章によってはモーセの挑戦とその成し遂げたところを詳しく語っている。モーセの生涯をより詳しく調べるため、伝統的な注解書のほか、アロン・ウイダルスキー、ダニエル・J・シルヴァー、エミール・ボックほかの最近の著作を参照した。ルイス・ギンスバークの「ユダヤ人の伝説」は、モーセがユダヤの思想に与えた影響を明らかにしている。聖書学者および原理主義に基づく解釈者の間には、聖書の意味や権威について見解の相違が見られることがあるが、本書の目的はそうした論争に加わることにあるのではない。

さらにまた、わたしは、モーセを完全な有徳者とか神のような人であると持ち上げようとは思わない。それよりも、わたしは、人々に勇気を与えるリーダー、実務経験者、もっとも典型的な非協力的な部下――「かたくなな」イスラエルの人々と闘わねばならなかった人間経営者としてのモーセに焦点をあてようとするものである。

☆経営することとリードすることとの違い

モーセは、イスラエルの子らをリードし、またマネージしなければならなかった。このリードという言葉とマネージという言葉の違いはさまざまな経営学の書物に説明されているが、わたしは、ウォーレン・ベニスおよびバート・ナナス共著の「リーダー」が特に教えるところが多いと思う。

著者たちによれば、「経営者は、あることを正しく行う人であり、リーダーは正しいことを行う人である。その相異点を一言でいえば、ビジョンと判断力の活動――有効性――に対する既定の方式に精通してそれを行う――効率性ということができる」。

☆モーセから学ぶべきこと

現在、わたしたちも、モーセがなしたように、夢見る人であると同時に、リードすること、マネージすることを共に求められることが多い。新しく事業を始めた者は、日常の業務をどう行うかをも理解しておらねばならない。大企業に雇われる経営者は、ＣＥＯとビジョンを共にし、また、それを実現しなければならず、それができない場合には、部下たちから信頼を失う。

モーセの天才の一部は、この二つの役割を併せ演じるまで自己成長を遂げたところにある。モーセが、コミットメント、粘り強さ、正義への情熱といったリーダーシップに必要な生まれつきの資質をもっていたことに間違いはないが、モーセは、リーダーシップとマネジメントに必要な基本原則を、仕事を通じて学ばなければならなかった。モーセがそれをどう学び、行ったか―争いをどのようにして解決したか、どのように規則や儀式をつくったか、人々の不満や技能の不足をどのように処理したか、そして、どのようにして四十年の長い間にわたって人々を鼓舞し続けたか―を分析することによって、わたしたちは豊かな実際的知識を得ることができるであろう。

モーセは、自分の地位を偉いもののように考えることはなかった。モーセは神を信頼し、前進を続けただけであった。聖書は、モーセをだれにも勝って謙遜な男として描いている。その謙虚さの故に、モーセは、進んで新しいことを試み、他人の助言に耳を傾け、経験に富んだリーダーたちの多くが尻込みをしたであろうようなことを、信念に基づいて実行することができたのであろう。幾たびも、モーセは、今日も高く評価されるリーダーシップ振りを発揮した。

日々新しい「事実」が生じる情報化時代、地球規模での市場が足もとで変化し続ける時代に生きるわたしたちにとって、荒れ野を行く人々を導くのにモーセが用いた技術―柔軟性、敏速な思考、不確実な状況下における部下の信頼の保持、多様な背景を持つ人々に通用する規則の制定―は今日の問題に深くかかわる。モーセが、なぜその選択をしたかや、モーセの法の背後にある推論の仕方を学ぶならば、わたしたちがわたしたちの荒れ野を行く場合に遭遇する類似の状況に対処する指針となるであろう。

☆経営についての五つの神話

ベニスとナナスは、経営についての五つの神話をあげ、それを一つ一つ論破しているが、二人の視点はモーセの物語と強い関連をもっている。五つの神話というのは、次のものである。

一　リーダーシップは滅多にない技術である
二　リーダーは生まれつきのもので、養成することはできない
三　リーダーはカリスマ的である
四　リーダーは組織の頂点にのみ存在する
五　リーダーは管理し、指令し、駆り立て、操る

読者が、本書の五十の教訓を読み進むに従い、これらの神話は一つ一つ、消し去られることを知るであろう。

モーセはリーダーシップの技術を神から学んだばかりでなく、この技術を他の人々に教えた。モーセは、確かにこの役割に生まれついたのではなかった。映画が描くモーセの人生とは異なり、神に出会うまでは、義理の父親の羊を率いる以外には、どのような者も率いようとは思っていなかった。また、モーセは自己の信念については情熱的であったが、カリスマ的であったことは聖書のどこにも記されていない。

人々を管理したり操ったりするよりは、モーセは、人々が神を信頼するためには、まず、モー

セ自身がイスラエルの人々の信頼と協力を勝ち得なければならないことを知っていた。ファラオは管理し操ったが、モーセは、人々を鼓舞し人々をエンパワーした。

☆社会のあらゆるところで必要とされるリーダーシップ

ベニスとナナスの指摘でより重要な点は、単独飛行的に「リーダーは組織の頂点にのみ存在する」という問題である。モーセは幸いにも、その旅程の間、終始彼を助け助言してくれる広範な経営チームに恵まれ、また、その組織の各段階に、リーダーシップを養成することの大切さを知っていた。出エジプトの初期の段階から、モーセは権限と責任を委譲することを始め、人々が自治を学ぶように行政官と判事を任命した。モーセの計画の成否は、イスラエルの「子ら」が成長し、成人としての責任をとりうるようになることにかかっていた。

わたしはラビ〔大いなる者を意味する言葉で、現在ではユダヤ教の聖職者を指すのに用いられる――訳注〕として、「じゃあ、委員にはなりましょう。しかし委員長にはなりたくありません」という言葉をあまりにしばしば聞かされてきた。

しかし、社会は、あらゆる段階において、リーダーを強く求めている。わたしたちは、物事を正しくすることができる男性や女性ばかりでなく、正しいことをする人を必要としている。もし、モーセの物語が何事かを教えるとすれば、それは、リーダーの役割を立派に果たすためには、人は完全である必要はないということである。

あなたの会社で、PTAで、地域センターで、教会で、シナゴグーで、たった一期間、一学期だけでも一歩進み出て、リーダーの役割を引き受けて欲しい。確かなビジョンと確固とした倫理指針をもつリーダーなくしては、わたしたちは、物質的にどれほどか豊かになろうとも、社会として進歩することはできない。

本書において、わたしは、経営者やリーダーとして成功するよう人々を勇気づけるであろうアイデア、戦略を凝縮して提示することを試みた。本書は三部に分かれる。

第一部は、コミュニケーションと動機づけの問題を扱う。

第二部は、シナイの砂漠の長い移動の間、人々を鼓舞するためにモーセが使った戦術を明らかにする。

第三部は、モーセが創造した倫理的指針を探求する。

読者がこれらの教訓から、リーダシップの本質を見抜かれ、それがどのような段階であれ読者が引き受けられたリーダーシップの役割を立派に果されるのに役立つことを望むものである。

一九九九年

ロス・アンゼルス

デーヴィッド・バロン

凡　例

1. 本書はDavid Baron著　Moses on Managementの全訳である。ただし、各章中の小見出しは、原著者の承諾を得て訳者がつけたものである。
2. 聖書の句文、人名・地名は、原則として財団法人日本聖書協会の新共同訳によったが、聖書の句のうち、原著者の引用と意味が異なる場合には、原著者の引用を訳した。
3. 原書の強意を示すイタリックは、傍点をもって示した。書名・論文名を示すイタリックは、特に示さなかった。
4. 解説を必要とする用語については、簡単な訳注を、文中に〔――訳注〕として示した。
5. 英語がそのまま、わが国で用いられている用語およびわが国で通常用いられず、定訳のない用語は、次のように扱った。

(1)　原文の英語をそのままカタカナで表記したもの

【エンパワー】辞書によると「……に公的〔法的〕な権能〔権限〕を与える」となっており、権限委譲と訳せばよい場合が多いが、より広く、個人につき、その人生・状況に対する支配力を与えることと解釈される。事業経営に用いられる場合は、従業員自身が仕事の仕方を定め、いちいち長の指示を仰がずに決定することを認め、より多くの責任をもたすことをいう。

経営参加に近い。

【コミット】自分の行動を、一つの主義、意見、約束、誓いなどによって拘束して、物事に取り組むこと。献身などと訳せば近い。

【マイクロ・マネジメント】担当者が不快感をもつほど、細部に至るまで業務のやり方を定めたり、事細かに管理・介入すること。

【ミッション】自分がしなければならならない義務と信じる仕事。使命と訳せば近い。

【ミッション・ステートメント】会社など組織体が成し遂げようとする社会的目標を短い文書にまとめたもの。わが国では、設立趣意書がそれに当たるであろう。ミッション・ステートメントは、その組織体の可能性を包含するだけの広さをもつと同時に、余りに抽象的なものであってはならないとされる。具体的事例は、第六章のサーノフ社のものにみられる。

【リーダー】人々の先頭に立ち、あるいは共に歩むことによって、人々が進むべき方向を示し、また、人々を導くこと。この役割と資格を持つ人がリーダー、その地位、任務、素質をリーダーシップという。先頭に立つ、あるいは共に歩むという点で、わが国でいう指導者と異なっている。統率者と言えば力ずくで引っ張っていくという感じを持ち、また引率者といえば与えられたプランに従って案内するという意味を持つので、原語のままリーダーとした。

(2) 文脈に応じて適宜訳語を選んだもの
【マネージャー】企業や組織体の全部またはその一部、あるいは、ある特定の業務をマネージすることを職業としている人をいう。したがって、わが国でいう経営者（取締役および執行役員）と管理職の両者を含む言葉である。経営者、部長、課長、主任など文脈で適当に訳語を充てた。

【マネージ】企業、組織の全部または一部や、そこで働く人々を指揮・統制することをいう。

6. 本書で用いられている「神」「主」「イスラエルの子」という言葉について、簡単に解説しておく。

出エジプト以前には、神は、神秘的な力をもつ者に対する一般的な呼称であるエル（複数ではエロヒム）と呼ばれた。出エジプトの時代になり、神はモーセに「わたしはヤハウエ［新共同訳では「主」――訳注］で」と神名を示され、ついで「わたしはあなたたちをわたしの民とし、わたしはあなたたちの神となる」とされ、こうしてイスラエル民族はヤハウエの民となり、ヤハウエはイスラエルの民の主となった。

イスラエルという名は、神が支配するという意味をもつ言葉で、イサクの子ヤコブに与えられた名である。そのヤコブの子十二人から十二部族をもつイスラエル民族が形成されたと伝えられ、そうしたところから、イスラエルの人々は「イスラエルの子」と言われる。

このイスラエルの人々のほか、ヘブライ人という言葉も用いられているが、イスラエルが宗教的・社会的概念であるのに対し、ヘブライは民族的・人種的概念を指す、あるいは当時の経済的・社会的に零落し奴隷状態にあった階級を指す、とも言われている。

史上最高の経営者モーセに学ぶリーダーシップ　目次

カバーデザイン／布上和子

モーセとはどういう人であったか

モーセは、今から三千年ほどの昔、血に飢え、また偏執狂的なファラオに支配されていたエジプトに生まれた。ヘブライ人奴隷が自分に敵対する勢力になることを恐れ、死に物狂いになったファラオは、その数を減らすため、生まれた男の子は殺さなければならないという命令を発した。モーセの母は、息子の命を救うため、籠に入れてナイル川に流したところ、ファラオの娘によって助けられ、彼女の息子として宮廷で育てられた。

成人に達した後、モーセは、宮廷から外に出ることがあったが、たまたま、エジプトの労働監督が、一人のヘブライ人の奴隷を殴っているのをみた。モーセは、その労働監督を殺し、そのためにエジプトを逃げなければならなくなった。彼は、近くの砂漠地帯であるメディアンに隠れ家を求めた。

メディアンの地において、モーセは羊飼いとして新しい人生を始めた。羊の番をしていたある日、燃えているのに燃え尽きない柴があるのに気がついた。その柴に近づいたとき、神が現れ、モーセにヘブライ人奴隷をエジプトから連れ出し、約束の地であるカナンに連れていくという使命を授けた。

モーセの最初の仕事は、ファラオと会って、イスラエルの人々の解放を求めることであった。

ファラオの拒絶に対して、神は、エジプトに十の災いを引き起こされた。その結果、ファラオは態度を軟化し、イスラエルの人々は出発したが、翌日には、ファラオは決心を変更、紅海（葦の海）に到着していたイスラエルの人々を奪回するため、軍隊に後を追わせた。

モーセは、イスラエル人集団に海の中へ歩を進めることを命じ、集団がその命に従ったところ、海水は引き、ファラオの軍勢が追う中、人々は向こう岸に到着することができた。イスラエル人集団の最後尾が陸地に上がると同時に、海水は満ち始め、エジプト人たちは溺死した。

勝ち誇ったイスラエルの人々は、シナイ山のふもとまで行進、この山の頂で、神は、モーセに、一対の石板に記された十戒を授けられた。イスラエルの人々が野営をしている谷にモーセが降りて行ったとき、モーセは、人々が早くも「あなたには、わたしをおいてほかに神があってはならない」とする戒律を破り、黄金の子牛を礼拝しているのを見た。激怒したモーセは、石板を粉砕し、主に従わなかった者たちを罰した。

イスラエルの人々たちの犯した罪に対し、神はイスラエルの人々全員の生命を奪うと脅かされたが、モーセは、人々の中には罪を犯さなかった者もあることを主張、神は態度を和らげ、モーセが打ち砕いた石板に代わる石板が刻まれ、イスラエルの子らは前進を再開した。

この事件の結果、神とモーセは、元奴隷たちはカナンを征服するだけの力をもっていないことをはっきりと知った。そこで、新しい強力な世代が成年に達するまで、四十年の間、砂漠を彷徨するという決定がなされた。

その四十年の間に、人々が変貌を遂げ、神への信仰によって統一された強力な国家を形成するよう、モーセはヘブライの人々を導いた。この導きの多くは、礼拝をどのように行うか、どのようにして力を合わせて働くか、どのようにして健康を保つか、お互いを公正に扱うか、神の祝福をどのようにして祝うかといった、現在の文明社会のほとんどあらゆる面を覆う六一三の規範を創り出すことによってなされた。

四十年の後、モーセとモーセに率いられた人々は、カナンとの国境をなすヨルダン川の岸に集まった。ついに、イスラエルの人々は、モーセが選んだヨシュアをリーダーとして、カナンの地を征服する準備が整った。

モーセ自身は、その一団に加わることはできなかった。それは、ずっと以前に、神の命令の一つに従わなかったという理由から、約束の地に入ることを神が拒否されたからである。

モーセは、自らが率いた人々が住むことになる緑したたる土地を見渡すことのできるネボ山の頂で死んだ。

「今日に至るまで、だれも彼が葬られた場所を知らない。モーセが死んだとき百二十歳であったが、目はかすまず、活力もうせていなかった。…イスラエルには、再びモーセのような預言者は現れなかった」と聖書に記されている。

第一部　メッセージを伝える

モーセが雄弁家でもなければ、「天性」のリーダーでもなかったことは、出エジプト記の最初の数章に語られている。

いやいやながら解放者の役割を引き受けてすぐ、モーセは自分に従ってエジプトを脱出することを奴隷状態にあるイスラエルの人々に納得させるという難題に直面した。

モーセを英雄として歓迎するどころか、奴隷たちは、疑い深く、ときには真正面から敵対さえした。神のメッセージを人々に伝えるためには、ただ神の計画を宣告し、それに応じて人々が集まってくるのを待つているだけでは駄目であることをモーセは知った。

その使命を達成するためには、預言者［神の言葉を聞き、これを人々に告げ知らせる人——訳注］およびリーダーとしての役割を担うにたるだけの力をもっていることをすべての人々に信頼させなければならなかった。

神は、前進するようモーセを始終、駆り立てたが、仕事を遂行していく過程の中に、モーセの自信が次第に形成されて行った。

モーセはまず、自分に従うことになる人々の意思とその熱意のほどを調べ、人々との間に意思を通じる戦略を考え出さねばならなかった。

神は、輝かしいミッション・ステートメント［凡例参照］である十戒をモーセに与えられたが、モーセの想像力、思いやり、粘り強さもまたはかりしれぬほど貴重なものであった。

モーセは、次第次第に、疑い深いイスラエルの人々と結びつきを強め、ファラオの軍隊でも、人々に目標を放棄させることが不可能というほどの強い信念を人々に持たせた。

人々と共に旅した間、モーセは、一再ならず度々、人々の信頼を勝ち得た。エジプトを出発してから四十年間、人が約束の地に到着するまで、モーセは神のメッセージを人々の心の中に燃やし続けた。

第一部では、モーセがどのようにして人々の信頼を勝ち得たか、どのようにして神のメッセージを伝えることに成功したか、どのようにして年月の経過と共に、メッセージをより生命の溢れるものにしていったかを明らかにする。

1. あなたの力を認めさせ、同時に他人の力をも認めよ

☆モーセの召命

「真の偉人で、自分を偉人であると考えたものはない」と十九世紀の英国の随筆家ウイリアム・ハズリットは書いている。

エジプトの地で奴隷をしていたイスラエルの人々を解放し、新しい民族国家を造る基礎をつくったモーセは、決して栄光を求める人ではなかった。モーセは、メディアンの砂漠の荒れ野にとどまり、家族を養い、義理の父の羊を飼って一生を終わることを幸福な人生と考えていた。運命が彼を大任に就かせようとしたとき、モーセは決してそれを喜ばなかった。

「わたしは何者でしょう。どうして、ファラオのもとに行き、しかもイスラエルの人々をエジプトから導き出さねばならないのですか」と言う言葉が、神の与えようとする使命に対するモーセの最初の反応であった。モーセの言葉に対して、神は言われた。「わたしは必ずあなたと共にいる」。

モーセは神の言葉に逆らって、「それでも彼らは、『主がお前などに現れるはずはない』と言って信用せず、わたしの言うことを聞かないでしょう」と別の方法で、神の召命を断ろうとした。神は、神の使者としてのモーセの権威を人々が尊重するように、モーセの手に奇跡を行う能力を授けられようとしていた。

それでもなお、モーセは「全くわたしは口が重く、舌の重い者なのです。…どうぞ、だれかほかの人を見つけてお遣わしください」と仕事に必要な技能を持っていないことを断りの言い訳にした。

しかし、神はもっとも適切な者を選んだことを知っておられた。神は言われた。「あなたにはレビ人アロンという兄弟がいるではないか。わたしは彼が雄弁なことを知っている」。

こうして言い訳の種がつきたモーセは、とうとう大任を引き受けることになった。

☆責任を引き受けることへの恐れ？

高い地位に就くことに対して、モーセがもった恐怖に共感する人が多いであろう。地位が高ければ高いほど、落ちる場合の距離は大きくなることをわたしたちは意識する。提供されようとする地位に挑戦するよりは、資格・能力に欠けることを言い訳にして逃避するのが安易な道である。

ある地位に就こうとしているとき、自分の能力に対する自負と地位を与えようとしている人の期待に添えるかどうかという対立する二つの感情を言葉に出すことはないとしても、わたしたちは、自己不信にさいなまされることがある。

モーセと同じように、わたしたちは、権力を持つ地位に就いた自分をみて人々はあざ笑うのではないかと気にする。また、自分は仕事に必要な技能を身につけていないのではないかと心配する。

ときとしてボス、あるいは運命が頑固に強いるという幸運に恵まれる場合に、わたしたちは、やむなく、打者の位置につき、挑戦に応じるために腰をあげる。

☆どうしてモーセはリーダーに選ばれたか

昔から伝わる伝説によれば、神がヘブライ人を率いるようモーセを選んだのは、モーセが羊の番をしていたときの、一つの出来事による。

一匹の子羊が群れから離れ、迷子になった。モーセはその子羊を、疲れきった体で、空腹を抱えて捜し長い時間をかけてようやく見つけ出した。モーセは、子羊にやる水を探し、子羊を肩にかついで、群れのところに返してやった。これをみて、「迷子になった一匹の子羊に対してさえ、これだけの思いやりをかけるのであれば、人々に対しては、それ以上の思いやりを示すであろう」と神は考えられた。こうしたところから、モーセが神の召命をその任ではないと拒んだとき、神はそのようには思われなかったのである。

わたしたちは、上に立つ人々が、どのような基準で、リーダーシップの地位につける人を選択しているかについて、知ることは滅多にない。

モーセは、偉大なリーダーには人々に語りかける技術にすぐれていることが決定的に必要であると考えていたが、神は、そのようには考えられなかった。神が求めていた資質は、強い性格と人々に対する思いやりの念であり、モーセはこの二つの資質を豊かに持っていた。

経営学の古典である「リーダー」の中で、ウォーレン・ベニスは、多くの組織の求めるリーダーシップの資質である「判断力、性格は、…だれがそれを持っているかを見い出し、またどれだけそれを持っているかを測定、あるいはその潜在力を実現させることはもっとも困難である。こうした資質を教えこむ方法をわたしたちが知っていないことは間違いない」と述べ、さらに続けて「ビジネススクールでは、こうしたことをほとんど教えない……。性格と判断力を欠くため、脱落（あるいは昇進を止められる）する経営者は多いが、技術的な能力を欠くという理由で、経営者としての生涯が花を咲かせることなく終わってしまうといったことはみたことはない」と述べている。

技術的な能力は、学ぶこともできるし、また仕事を通じて深化させることもできるのである。

☆従業員の可能性を見つけるのがリーダーの役割

読者は、経営者として、従業員たちに新しい挑戦をするように奨めることがあるだろう。部下たちの中に、自身では意識されていない可能性を発見した場合、部下にその可能性を目覚めさせることは、あなた自身が自分の可能性を知ることが困難であると同じように困難なことが多い。しかし、部下に自分の可能性を目覚めさせることもあなたの仕事の一つである。

モーセを説得するに際して、モーセがわたしはその任ではないといったとき、神は「わたしは必ずあなたと共にいる」と言って、モーセが一歩踏み出しやすいようにされた。経営者として、部下が新しい挑戦をしようとしているとき、従業員が必要とするならば、あなたが常に従業員のそばにいることを、従業員に保証することが必要であることを知らねばならない。こうした支えが、あなたが与えることのできる最大の贈り物である。

自分の権威を人々が認めないであろうことをモーセが恐れたとき、神は、権威のシンボルとして、奇跡を生むことのできる羊飼いの杖といった具体的なシンボルをモーセに与えた。

これと同様に、あなたが、人を権威の地位につけようとするときには、組織に属する人々が、この人は本当に権威をもっていると見ることができるように、たとえば、見晴らしのよい個室、特別の駐車場所などといった権威のシンボルを与える必要がある。

さらに一点。モーセが、その任務に必要な能力を欠いていることを苦情の種にしたとき、神は、その弱点を補うためにアロンをお付けになった。それと同様に、あなたは、新しい経営者を補佐するための忠実な副官を付けなければならない。

リーダーとして成功した人がだれでもそうであるように、神は、モーセが自覚する以前にモーセの中に、リーダーシップの資質があることを見抜かれていた。神は、ただ単に、モーセに仕事を割り当てるだけで、後は放任されたのではなかった。神は、モーセを支え、元気づけられ、成功するのに必要とする道具を与えられた。

リーダーを育てることにかけて注目すべき技術を持つ会社の事例の一つにマサチューセッツ州ケンブリッジにサピエントという会社があるが、同社は、すぐれた従業員をもつことによって、顧客サービスと技術がすぐれているという高い評価を得ている。

☆リーダー選択の条件

同社の取締役の一人であるジョン・フレイは、会社がリーダーを選びあるいは育成するに際して求める核となる資質として次の五つをあげる。

その一つは、顧客の抱える問題を理解し、解決することによって、どれだけうまく顧客を満足させるかという顧客中心主義。

第二の核となる価値は、リーダーシップ。この素質は、チームをどれだけうまく鼓舞し、共有されたビジョンを創り出すことができるかによって測定される。

第三は、どれだけうまく従業員を動機づけることができるか。

第四は、従業員が人間として幸福であるために、個人的に、また仕事の上で何を必要としているかを理解すること。

最後の核は、人間的親しみやすさ。それは、他人とどのようにうまく意思を疎通しうるか？どれだけ親しみやすく、また、率直であるか？　によって判断される。

サピエント社においては、技術的能力が欠くことのできない資格であることは間違いないことであるが、リーダーを選択し育成するにあたって、会社が最大の重点をおくのは、一人ひとりの中に潜在的な可能性を見つけ出し、その人たちが可能性を最大限に発揮できるように援助する能力の有無である。

サピエント社の比較的大きなプロジェクトを担当した経営者としてフレイは、「わたしの役割は、チームの全員を幸福にし、チームの各員を支援することであった」と語った。

☆リーダーを育てるのもリーダーの仕事

神は、どのようにしてでも、神が望むようにイスラエルの子らをエジプトから連れ出すことができたのである。神は、彼らを空飛ぶ魔法の絨毯に乗せ、直接約束の地に導くこともできたのである。

にもかかわらず、神はその道を選ばれなかった。神は、その万能にもかかわらず、モーセとアロンにリーダーシップの能力を育成し、また、それによって、この二人が、イスラエルの長老がリーダーシップの能力を持つようにする道を選ばれたのである。

リーダーシップの中心にある核となる性格―正直さ、誠実さ、思いやり、勇気―を見抜くことによって、また、人々が潜在的に持つこれらの素質を、顕在化するように人々の呼びかけることによって、神は、エジプトからの脱出以上のことを始められたのである。

神は、リーダーシップという考え方を、人生における強力かつ普遍的な法則として人々の間に普及させることを始められたのである。

2. リーダーシップに必要とされる内なる資質を磨け

☆人々の模範としてのリーダー・モーセ

もしあなたが、燃える柴を観察しているモーセの傍らにいたならば、モーセがなぜ、「わたしは何者でしょう。どうして、ファラオのもとに行き、しかもイスラエルの人々をエジプトから導き出さねばならないのですか」と神に尋ねた理由を正しく理解することができたであろう。

わたしたちは、偉大なリーダーはカリスマ的であり、雄弁で、なによりも人をリードしたがるものであると考えがちであるが、モーセはそうしたところは少しも持ちあわせていなかった。モーセは吃音・言語障害のある人であり、二十年間も、孤独な羊飼いとして生きて、リーダーとしての地位をいささかも求めていなかった・・・。

にもかかわらず、神は、リーダーの地位に就くことを強く求められた。なぜであろうか？

モーセの生涯はそのときまでは、一人の羊飼いであり、夫であり、父親であり、荒れ野の男であった。おそらくはモーセには、自分を呼ぶ内なる声を聞く準備ができていたのであろう。あるいは、モーセがイスラエルの子らのリーダーとして適切な人物としての内なる素質を備えていることを神が知っておられたのかもしれない。

十戒は、イスラエルの人々にその行いを根本的に改めることを求めていた。もし、イスラエルの人々が、この困難な自己変革を成し遂げようとするのであれば、戒律を人々に説教するだけではなく、実際にこの戒律によって生きているリーダーの鼓舞を必要としていた。

モーセは丁度それにぴったりの人であった。その持って生まれた思いやり、正義への本能は、戒律を心から守ることをたやすいものとした。モーセは、肉欲を抑制する成熟さをもっていた。また、克己の価値を理解していた。さらに、羊飼いとして自分の群れの面倒をみる術を学んでいた。モーセは口は重かったが、口を開けば、その声は確信に満ちていた。行動する場合は、強い確信をもって行動した。

☆意見よりも行動

意見よりも行為が大切であることー「行為対信仰」―は、タルムード法典［ユダヤの律法とその解説の集大成。四世紀から六世紀に成立。ユダヤの精神文化の源泉とされる――訳注］に、イスラエルの子らを論じる神とモーセに関連して美しく描かれている。主は言われる。「わたしを信じ、わたしの律法を守らないよりは、わたしを信ぜずに、わたしの法（人類普遍のものでもある）を守るほうがずっとよい」と。

神のこの行為優先を前提にした場合、モーセは、外観的な欠陥にもかかわらずその任務にふさわしい資質を備えていたことは明らかである。そのことは、出エジプトの最初のほうで、神への忠誠を誓ったイスラエルの子らが、最初の飢餓の苦しみの前に崩れてしまったときのモーセの態度から理解することができる。続く四十年の間に、幾たびとなく、イスラエルの人々は、エジプトに帰りたいと願う。そのたびごとに、モーセは、変わらぬ信仰と忍耐をもって彼らを元気づけ、鼓舞し前進を続けさせた。

☆リーダーに不用な支配欲

モーセが、イスラエルの人々を自由へ導くことを欲しなかったという事実はどう説明すべきであろうか。シェイクスピアは書いている。

「或る者は高き身分に生まれ、或る者は高き身分に達し、また或る者は高き身分に押し上げられこともこれあり候」〔十二夜小津次郎訳世界古典文学全集V・42筑摩書房〕

すぐれたリーダーの多くはその高い身分に押し上げられたのである。リードすることに気が進まぬということは、うまくリードできるかどうかについてその人が不安をもっているということを示すものではない。

事実、「支配権を持つ」ことへの自己中心的な欲望は、偉大なリーダーとしての内面的な資質とは両立しないことがある。「なにがリーダーをつくるか?」という論文で、ダニエル・ゴールマンはこの点に触れ、偉大なリーダーのスタイルは多様で、「リーダーの中にはおとなしい性格の者や分析的推理に秀でる者もある」と言う。

コールマンの意見によれば、もっとも有能なリーダーは、「情緒的知性」と呼ぶものを高度にもつ。コールマンは情緒的知性を、自分自身を知っていること、克己、動機づけ、感情移入、社交性の五つの要素に分解する。コールマンがあげた要素の中には、リードしたいという欲望は入っていないことが注目されよう。

モーセは社交性という要素に欠けるところがあったかもしれないが、その欠点を補うものとして、兄弟アロンの助けを得ることができ、その他の四つの点においては、きわめてすぐれていた。

☆全身麻痺のリーダー

自分が望まないのにリーダーとなり、多くの人々の希望の星となったリーダーの見本としてクリストファー・レーヴをあげることができる。

「わたしは、わたしが望みもしなかったクラブの長の地位に就いた」と、クリストファー・レーヴは一九六六年ウォール・ストリート・ジャーナルの記者に語った。

レーヴが一九九五年、乗馬から放り出され、全身麻痺になって以来、彼は、背骨髄損傷研究についての率直なかつきわめて有能な代弁者となった。その有能さは、レーヴが姿を現すことによって、この分野の全研究者が勇気づけられたということから知られる。

レーヴが、集中治療室を出た後、同紙の記者に「この国での物事の動きようが分かり始めた。人々は自分自身を有名人と重ね合わせる」と語った。そしてレーヴは、自分自身を公衆の目にさらし、背骨髄損傷研究目的の資金の募集を始めた。レーヴの動機は簡単である。自分自身と全世界で背骨髄損傷に苦しむ百二十五万人の人々を治療することを求めたのであった。その治療は、研究者たちがより多くの資金を得ることによってのみ実現される。

レーヴの努力の結果、全国健康研究所は、背骨髄損傷の研究のための予算額を十九パーセント増額し、五千六百万ドルとし、それをきっかけに私的募金の波が始まった。レーヴのおかげで、背骨髄研究はより重要な研究分野とされることになった。

ルートガー大学の背骨髄研究計画のワイズ・ヤングは、ウォール・ストリート・ジャーナルの記者に、次のように語った。

「我々は、研究上の大成果を年に一度得るのがせいぜいであったが、最近二年間は、月に一つ大成果をあげている」。

このことは、一人のリーダーが、一見不可能と思われる目標の実現にいかに大きな影響を与えることができるかを物語るものである。

☆リーダーの資格としての粘り強さ

パットン将軍と騎手ウイリー・シュウメイカー、名をあげるのは二人だけにとどめるが、負傷によって全身麻痺となった有名人は多い。しかし、レーヴは独自の公的な顔を持っていた。車椅子に乗って超人を演じる人を見ることは、わたしたちのだれにも、それが起こりうるということを実感させる。自分の子供たちを抱きしめることができるというたった一つの願いをもっているというレーヴの言葉はしばしば引用されるところである。

この言葉は、人々に自分たちが既に持っている賜物に気づかせ、その賜物を使うように駆り立てる。もし、あなたが自分の子供を抱きしめることができるのであれば、いつの日かわたしも自分の子供を抱きしめることができるように、あなたの手を貸して欲しいと訴えているようにみえる。

モーセは同様の試練に直面した。「確かに、あなたたちは飢え、暑さと、のどの渇き、苦しみ、痛みの中にいる。しかし、あなたたちは自由をもっている！　自分たちに与えられた恵みを認め、それを使いなさい」とイスラエルの人々に語った。

モーセが、このメッセージを人々に受け入れさせることができたのは、彼が雄弁であるが故ではなく、自分の信じるところに、粘り強く、熱意を持ち、また、その使命に献身的に向かった故である。

レーヴもまた、背骨髄麻痺の治療法を見い出すという使命に向かって同様の長期的な取組みをした。レーヴは「わたしは、結構、執拗であった」とウォール・ストリートの記者に語った。

信念、思いやり、積極性、克己、そして、粘り強さといった内面の素質が、偉大なリーダーを造る。チームを熱狂状態に追いやる紋きり型のカリスマ的な扇動を忘れよう。

それに代わって、リーダーシップの内なる資質を養おう。

3 人々と同じ高さに立って語りかけよ

☆人間の声によるコミュニケーションを

神が「口から口へ、わたしは彼と語り合う。あらわに、謎によらずに」語りかけるたった一人の男として神はモーセを選んだ。神がイスラエルの人々に直接的に語りかけたのは、シナイ山において恐ろしい自然現象の最中に、十戒を授けた場合のみであった。

「民全員は、雷鳴がとどろき、稲妻が光り、角笛の音が鳴り響いて、山が煙に包まれる有様を見た。民は見て恐れ、遠く離れて立ち、モーセに言った。『あなたがわたしたちに語ってくださ い。わたしたちは聞きます。神がわたしたちにお語りにならぬようにしてください。そうでないと、わたしたちは死んでしまいます』」。

イスラエルの人々は、直接的な、人間の声によるコミュニケーションを欲し、モーセはそれに従った。

「モーセは人々のところに下って行き、人々に語った」と、聖書はモーセの生涯の要点を総括する文書で述べている。神の律法を伝えるため、モーセは、人々の中に入って行き、人々に律法を実例によって説明した。モーセは、人々から遠く離れていることもできたのである。また、彼はシナイ山の高みに立って、演説をすることもできたのである。

しかし、イスラエルの人々にそのメッセージを聞かせ、受け入れさせるためには、モーセは、人々の言葉で、彼らと同じ高さに立って、律法を述べなければならなかったのである。

☆リーダーは人々の中に入っていこう

リーダーは、「人々の中に入って行かねばならない」とは、よく知られた事業の格言である。しかし、形だけの見せ掛けと、人々のことを心から思うことの間には大きな違いがある。わざとらしくならないように、人々と同じ高さに立って話し掛けるには一つのこつがある。

ラビ［大いなる者を意味する言葉で、現代ではユダヤ教の聖職者を指すのに用いられる――訳注］として、わたしが最初に直面した困難な課題は、日々の生活において経験したことのない道を歩んでいる人たちと共通の基盤を見い出すことであった。二十五年かかって、わたしは、事業の世界においても、社会生活においても共通する重要な基本原則を学ぶことができた。

まず、自分たちに語りかけているあなたは一体だれかということを人々が感じ取ることの大切さである。それをする最も早い道は、建築現場であれ、生産ラインであれ、営業所であれ、学校の校庭であれ、人々のいるところに行くことである。

人々自身のなわばりの中で、人々に語りかけることによって、机の後ろに座っている場合、わたしの場合で言えば、会衆より上段につくられた壇上の説教台の後ろに立っているよりは、あなたをより近づきやすいものにする。わたしは、説教にあたり、説教台を離れ、座席に座っている会衆の間を歩くことができるように、いつも、説教を読むよりは暗記するようにしている。

こうすることによって、一方的に説教をするのではなく、質問を交え、会衆の皆が、会話に参加することができるようにしている。こうしたことはすべて、わたし自身をより人間的に、また、近づきやすいものにし、会衆とわたしの関係を強めるのに役立つ。会衆は、わたしのメッセージを高遠な宣言ではなく、具体的な目標として聞く。

書記エズラ〔紀元前五世紀頃の預言者・改革者・書記、本書で活躍するアロンの子孫――訳注〕の時代から、月曜日と木曜日には、市場の広場に集まる人々に向かって朗読するために聖書をもってくるという伝統があった。そこでは、商売の騒音の中で、人々は、買い物をする週のうちの一番忙しい日に神の言葉を聞いたものであった。古代の人々は、このように、メッセージを聞きやすいものにすることの価値を知っていたのである。

☆一人ひとりに語りかけるには

しかし、リーダーシップの能力は、大勢の人々に語りかけるということにとどまるのではない。語りかけが上手か下手かの本当の評価は、どのようにうまく人々一人ひとりに語るかによって決まる。ボビー・スピヴァックは、デイリーグリルという全国チェーン・レストラントの創立者であるが、その技術に対して特に意を注いでいるとはわたしには思えないが、「人を扱うことの名人」であった。彼は、いつも、従業員のことを心から、心にかける生まれつき心の温かい人であり、従業員個人の生活の細かいところまで記憶していた。

最近、ロス・アンゼルスの彼のレストラントで昼食を共にする機会があったが、わたしたちが、レストラントに入ろうとしたとき、一人の従業員―皿洗い―が出て行くのに出会った。ボビーは、その従業員をファーストネームで呼び止め、家族のことを尋ね、街の出来事について雑談を交わした。

ボビーの持つだれにでも語りかける気安さに、わたしはいつも大変感心しているが、それが、ボビーの利益になっていることも知っている。ボビーは、今、チェーン・レストラントを成功させようと懸命であるが、チェーンの評価は、それを構成する一つ一つの店のよさで決まるものである。創立者として、またCEOとして、従業員の忠誠心と仕事の質の間の関係を、ボビーは明確に意識しているのである。

皿洗いから市長までだれとでも知的な雑談を交わすことができることは、ボビー・スピヴァックにとっては天性のものであるが、わたしたちのほとんどは、その点について少しだけ意識的になる必要がある。

人々とわたしたちの会話を、暖かみのあるものにするには、あなたはいつも次の二つのことをするようにしなければならない。二つのこととは、会話を交わしている相手に固有のことを口にすることと、相手の必要としていることに焦点をおくことである。

他人に語りかける場合、話題が個別的であればあるほど、あなたが、心から語りかけているように響く。本当のところ、その人に固有のことを話題にすることによって、あなたは、実があるようにみえるのではなく、実のある人であることを強いられるのである。

「ご家族の皆さんはどうしておられますか？」と言う言葉よりは、「子供さんは新しい学校でどうしてられますか？」あるいは「ルーシーはまだバスケット部でやっているのかい？」と言った言葉のほうが、心からのものに響く。

家族を固有名詞で呼ぶことにより、あなたはその姿を思い浮かべ、その人たちのことを思うことになるのである。

☆個人的情報を記憶できないときは

接触する人が多ければ多いほど、人々の個人的情報を正確に記憶しておくことは、当然困難になる。しかし、あなたの発する言葉に個別的な事柄を入れることによって、個人的情報を入れたと同様の実を示すことができる。「あなた自身を記憶に残るように」という書物の著者ステファニー・シャーマンは、この点について大変よい事例であげている。

たとえば、「わたしは大変感謝しています」といった丁寧ではあるが表面的な言葉を発するのではなく、あなたが相手のしたことのどの点をありがたいと思っているのか、それはなぜかという個々の点を明らかにすべきである。

たとえば、「このソフトウエアを使えるようにするために時間を割いてくださいましてありがとうございました。わたしが自分でやりましたら、失敗を繰り返して何時間もかかったでしょうに」というように。

　このように個々の事項を一つひとつ口にすることによって、言葉は人間的なものになり、そうした人間的な接触は、あなたと他人との関係を強化する。この関係が強ければ強いほど、他人はあなたとあなたの使命にコミットしてくれる。

☆聞き上手になるには

　わたしの教会の信徒には、百万長者、日雇労働者、博士、高等学校の課程を修了しなかった者などあらゆる階層の人が含まれている。わたしの仕事の大半は、信徒の私的な事柄の相談に応じることであるため、さまざまの経歴を持つ信徒と意志を通じ合う方法を見つけなければならない。わたしは、ずっと以前に、信徒が求めていることに焦点を合わせるならば、表面的な相違は問題にならないことを学ぶ機会をもった。

　数年以前、わたしがフロリダ州マイアミで礼拝を主催しているとき、ある富裕な信徒から、母親が今亡くなったという電話を受けたことがあった。その人は、即刻、母親の告別式の段取りについてわたしと相談したがっていたが、わたしは、ニューヨークにいるわたしの家族を訪ねる予定にしていた。その人は、私有のジェット機を用意してわたしをパーム・ビーチの邸宅に招いた。すばらしい美術品、豪華な家具、公園のような庭園、あたりは思わず息をのむような雰囲気であった。

　わたしたちは、窓の外に輝く海を眺めながら、豪華な部屋に座った。

「通常は、家族のだれかが追悼の言葉を述べるのですが、あなたがなさいますか、それともわたしがすることを望まれますか」とわたしは切り出した。

相談が進むにつれ、その人は母親のためになにか意義のあることをしたいと考えているのに、二人の関係は親密なものでなかったことが分かってきた。事実、その関係は、この人にとって苦しいものであった。その人の言うことを注意深く聞き、また深い苦しみの表情を見るにつれ、外界の状況は関係のないものになった。我々が座っている部屋が帝王のためのもののようであるといったことはどうでもよいことになった。核になっている問題は、母親との関係についての心の葛藤であった。

ラビとしての役割―また当然のこととして、経営者あるいは友人としての役割―は、核になっている問題を聞き出すことである。もし、あなたが、上手な聞き手であるならば、我々は、皆人間であり、人々の抱えている問題は、多少とも同じことに帰することを知るであろう。あなたは、相手の人が感情を爆発させたり、気取ったり、強がりを見せたり、あるいは、心の支えとなると思っていることをいろいろさせるなどしなければならないが、あなたが注意深く聞くならば、核になる問題を聞き出すことができる。相手の社会的地位がどうであれ、それはあなたにとってよく知っている事項に帰することが多い。

この信徒の場合、お母さんを、高潔な姿のお母さんとして記憶する道を共に探し、この葬儀を、お母さんに対する敵意を葬る最初の機会とすることを、わたしは提案した。わたしの教会では、契約の箱の上に、新しい常日灯をつるすことを必要としており、わたしは、これを格好の供え物であると考えた。それは、その人が教会の中に入るたびに、象徴的にも、字義的にも、肯定的な光の下で母親を思い出させることになるであろうからである。

その人は、それは、うまくいくであろうと同意した。そのことによって、その人は公衆の前で感傷的な追悼の言葉を述べることなく、母親に対する尊敬の心を表すことができたのである。注意深く聞くことによって、その人が抱えている問題の核心を解決することができたのであった。

☆語りかけることによって結びつきを強める

人々と同じ高さで話し掛けるということは、ただ、人々の間を歩き回るということではない。あなたが話し掛ける場合には、相手にとって特有の事柄を話題にし、また相手のもつ問題の核心を聞き出すことによって、人々との個人的結びつきを強めることを意味している。

モーセが死ぬ少し前、主は、人々が、神と人との契約に違反した場合の神の怒りについてイスラエルの人々に警告する詩を朗誦することをモーセに強いられた。モーセは、命ぜられるまま、厳正かつ形式に合致した詩を朗吟した。疲れ果て、死ぬわずか数時間前に、「あなたたちは、今日わたしが、あなたたちに対して証言するすべての言葉を心に留め、子供たちに命じて、この律法の言葉をすべて忠実に守らせなさい。それは、あなたたちにとって決してむなしい言葉ではなく、あなたたちの命である」と付け加えた。

モーセは最後に至るまで、メッセージを述べただけではなく、それを特定の人にあてたものにした。

4 拒絶されることを恐れるな

☆拒絶されることがわかっているのに働きかけたモーセ

神が、燃えている柴に現れて、エジプトで奴隷となっているイスラエルの人々を解放するという計画をモーセに示されたとき、神はその情況の厳しさを甘い言葉で隠すことはされなかった。「エジプト王のもとに行って彼に言いなさい。…しかしわたしは、強い手を用いなければ、エジプト王が行かせないことを知っている」と言われた。

もし、ファラオが、モーセの願いを拒絶するであろうことが分かっているのであれば、解放をまず、ファラオに頼むことの目的はどこにあったのであろうか。

モーセは、奴隷を解放するという願いをファラオが認めないことを分かっていたので、「どうか、三日の道のりを荒れ野に行かせて、わたしたちの神、主に犠牲をささげさせてください」と願いが認められやすいようにして願った。もし、そこでファラオが柔軟な姿勢を示したならば、その後の闘いに別の戦術をとったであろう。しかし、ファラオの姿勢はかたくなであった。事実、ファラオは、奴隷に従来にも増す重荷を課すことによって、モーセの願いに応えた。モーセは自分が対している事態を知り、最初の災いを宣言した。

☆まず直接働きかけてみよ

直接に働きかける―あなたの求めているものを持っている人のところに出向き頼む―ということは、事業活動においてばかりでなく、日常生活においても、きわめて大切な戦術である。にもかかわらず、恐れの故に、多くの人は尻込みをする。その恐れには、自分の分を超えることへの恐れ、公私混交への恐れ、あるいは、押しが強すぎると見られることへの恐れがあるだろう。なかんずく、人々は、拒絶されることを望まない。

このように自分の欲しているものを、人に、乞い求めることを嫌がる人が多い。したがって、もし、あなたが乞い求めるならば、あなたは大きな利益を得ることができるであろう。

この理論が正しいかどうかを試す一つの方法は、成功した不動産仲介業者の話を聞いてみることである。有能な仲介業者は、始終、目ぼしい物件を探し求め、そうした物件に出くわした場合には、その持ち主に、売却の意図があるかどうかを訊ねることを躊躇しない。ほとんどの場合、その回答は、否である。

しかし、ときには、「さてね。値段があえば」という回答に接することがある。直接に訊ねることによって、その仲介業者は、一年間の収入の大分を占める物件の代理権を得ることができるかもしれないのである。

☆頼んでみなければ結果は分からない

訊ねてみるまでは、結果を知ることは決してできない。ある日、わたしは、息子が出場しているアイスホッケーの競技を観戦していたとき、たまたま、他の少年の父親と話を始めることになった。わたしは、その人がどういう仕事をしているか訊ねるつもりはなかったが、偶然のことから、その人は、美術印刷会社の社長であることがわかった。

子供たちが、ホッケーをしているのを見ながら、わたしは、わたしが社長をしている「イメージ・ムーブメント・テクノロジー社」が試作中の製品について直面している問題をその人に話した。

会社では、一巻にまとめた二十の画像を、画像から画像へと瞬時に切り替えることのできる電子看板を開発中であった。問題というのは、画像を印刷するのに適した材料を見い出せないということであった。すなわち、紙はもろすぎて、高速で作動させたときは、割けてしまい、また、フィルムは硬すぎるのであった。

「わたしが、アジアから取り寄せた材料を送りましょう」とその人は言ってくれた。数日後に、わたしは、人力では切り裂くことができない強さをもつ、非常に精細な艶消し用紙のようにみえる合成紙の見本を受け取った。印刷効果は紙よりもよく、裏面から投射できるに十分の透明さをもっていた。我々は、その合成紙に合うように試作品の設計を変更し、懸案の問題が解決したのであった。

自分の事業上の困難を、漏らしたことは、超えてはならない限界を超えたことになるのであろうか。最悪の場合、その人は、わたしの話をわざと無視し、二人は、競技の観戦に戻ることになったかもしれない。ところが実際には、この偶然の作用は、何か月もかかったかもしれない作業と研究費を節減させることになったのである。

たとえあなたが、自分の頼みは百パーセント拒否されると思っても、一度は頼んでみよう。あなたの予測が間違っており、相手はイエスという可能性は常にあるものである。それと同じほど大切なことは、あなたが拒絶された場合、その拒絶自体が、相手の事情についての重要な情報を与えるということである。

☆隠匿資産取り戻しの闘い

エドガー・ブロンフマン一世は、ナチスによるユダヤ人虐殺の犠牲者にスイスの銀行が保有している犠牲者たちの財産を取り戻させる名高い闘いを導いた人であるが、その闘いの出発点において、自分の欲してところを他人に求めてみることの大切さという教訓を学んだのであった。当時六十九歳であったブロンフマンは、何十億ドルという資産を持つシーグラム帝國の会長であった。

一九八〇年代の初め、組織に加入、組織を活性化させることに手を貸して欲しいとイスラエル・シンガーとエラン・スタインバーグが働きかけて以来、世界ユダヤ会議（ＷＪＣ）の活動に参加している。一九八〇年台の中頃、二人は、ナチスによって略奪され、密かに、いわゆる相続人のない財産としてスイスの銀行に預けられている金やその他の財産をどのようにして取り戻すかについて、ブロンフマンに助言を求めた。

「わたしは、五十年の長い間、なぜ、だれもがこの問題に注意を向けていなかったことを知らなかった。ヨーロッパ人は、『薮蛇をだすな』という意識をもっているように思う」とブロンフマンは一九九七年に「マックリーン」誌に語った。

ブロンフマンは、大虐殺の生存者や子孫たちのために、補償を求めることを思いついた。一九九五年の秋、ブロンフマンは、スイス銀行協会の職員に会い、失われた財産についての交渉をするため、スイスのベルンに出かけた。

ブロンフマンの言葉によれば「我々は家具も置いていない小さな部屋に通され、立ったままで待たされた。それだけでも我々をいらだたせるに十分な仕打ちであった。我々は、人をこのようには扱わないし、また、そのように扱われるとは思っていなかった。八分か十分待たされた後、職員たちがどやどやと部屋に入ってきた」。

銀行は、額にして三千二百万ドルになる七百七十五の睡眠口座を発見したことを述べ、この金額を返還する用意のあることを告げた。

「わたしは、即座に、事実、一晩考えるまでもなく、もし、スイス側が三千二百万ドルを返還しようというのであれば、もっと巨額の資産があるはずだと考えた。もし、ほかになにもないのであれば、これだけでも返還しようというはずがないではないか？」。

聞くということは、人にものを求める場合に大切な仕事である。―ただ椅子に深く座り、相手の言うことを聞き、相手がどのように反応するかを見る―。ブロンフマンは、空手でベルンを去ったが、この会見は成功であった。この会見は、スイスはユダヤ人の財産を保有しており、その額は、おそらく彼らが認めているよりもずっと多いであろうということを語っていた。

　ブロンフマンとＷＪＣは、ナチスによって略奪された金やその他の財産の処理にスイスがどのような役割を果たしたかの調査を要求した。世界の目ははじめて、いわゆる中立国スイスに注がれることになった。一年半ほどマスコミの注目度は控えめであったが、圧力は効を奏した。

　一九九七年三月、スイス政府は新たな案を提案した。その案は、三千二百万ドルに代えて、ナチスの犠牲者に六十二億ドルの資金を提供し、それとは別に大虐殺の生存者だけのために、スイスの銀行および産業が二億七千万ドルの基金を提供するというものであった。

　あなたの願いが、熱狂的に迎えられるか、にえきらない態度で迎えられれか、それともあからさまな敵意をもって迎えられるか。いずれにせよ、あなたは、願いを言い出したというだけで、言い出さない場合よりも、有利な立場に立つのである。あなたは、願っているものを手に入れるか、あるいは、どうすればそれが手に入るかについての情報を手に入れることができるのである。

　たとえもし、あなたが、見い出したものが、モーセがファラオについて知ったと同様に、あなたが直面している困難の程度であったとしても、願いを口に出す前よりは、よりよく事情が理解できたという利益を得るのである。もう一人の偉大なリーダー・イエスは言っているではないか。

「求めなさい。そうすれば、与えられる。探しなさい。そうすれば、見つかる。門をたたきなさい。そうすれば、開かれる」。

5 あなたの進もうとする道を明示せよ

☆神と衝突したモーセ

イスラエルの人々と共に、シナイ山に到着するまでの間に、モーセは、主がきわめて気まぐれであることを、かなりよく知ることになった。神は、自分自身を「妬む」ものであると言っておられ、また、聖書は神の行動が、控え目に言っても、予測できないものである例をたくさんあげている。

シナイ山の頂上においてモーセの神に対する欲求不満はとうとう爆発した。モーセはすでに山に登っていたのであるが、黄金の子牛をめぐる反乱を処理するために急いで山を下り、信仰を失った者を罰し、重い足を引きずって頂上へと引き返した。モーセの神経は疲れ果て、そこで神との衝突が起こり、モーセは主に言った。

「あなたはわたしに『この民を率いて上れ』と言われました。しかし、わたしと共に遣わされる者をお示しになりません。あなたは、また、『わたしはあなたを名指しで選んだ。わたしはあなたに好意を示す』と言われました。お願いです。もしあなたがわたしに御好意を示してくださるのでしたら、どうか今、あなたの道をお示しください」。

☆個々の指示でなく全体的方針を示せ

このシーンは、各段階の経営者にとって重要な教訓を実例で示している。

もし、部下に、あなたの計画に従って事を運ぶことを求めるのであれば、部下は、あなたの計画を知らされている必要がある。このことは分かりきったことのようでありながら、経営者が計画を組織内に伝達する労をとらなかったために失敗に終わる計画や改革の発議が多い。

特に、いわゆる「計画」が四半期ごとに変更されるといった場合には、影響を受ける者全員がその変更を知らされることを欠くことはできない。

企業の方針が着想の段階から実行の段階に移されるにあたり、あなたはかなめの位置に立つことがあるだろう。モーセが、神のメッセージをイスラエルの人々に中継するに先立ち、それを正確に理解したとの確信を持つ必要があったと同様に、あなたは、現在実施されている計画を定期的に上級者に確認し、計画は現在どうなっているかや、計画と部下たちがどのように関わり合うかを、部下に説明する必要がある。

メッセージとの接触を失えば、部下たちは会社との結びつきの意識を失うことになる。より基本的には、自分たちはなにをすることを期待されているかを知らされないと、部下たちは最善の結果を得るように行動することはできない。

ワークトーク・コミュニケーション・コンサルタント社の社長エリザベス・ダンチガー氏は最近、わたしに、計画をよく伝達しない危険を強く示す次のような事件を語った。

「ある食品会社が危機に見舞われていた。同社は、過去数年の間に数百万ドルの売上収入を失った。また、営業担当者との関係が大変に悪化していることに感づいていた。同社は、営業担当者との関係を改善する方法についてわたしに援助を求めてきた。オーナーは、過去十年間の売上高のグラフをわたしに示した。それによると三年ほど前に、売上高が急激に低下し、その後、回復をしていない」ことが判明した。

「この年になにがあったのですか」とわたしは尋ねた。

「我々が、マーケティングの重点を変更し、今までとは違った製品に力を入れることにしたのです」と会社は答えた。

「その変更を営業担当者に知らせましたか」とわたしは尋ねた。

「いや、知らせませんでした」と会社は事実として認めた。

会社は、営業担当者が売り慣れている品目への販売支援を減らし、新しいより有利な品目となる可能性のある製品を開発、販売支援をその品目に集中したのである。

売上高が減少した原因は、明白であった。会社は、販売方針の変更を営業担当者に知らせていなかったのであった。

その結果、営業担当者は、新製品の販売を推進しなければならないことに気づかずに、在来の製品を売り続けていたのであった。

☆行動の前に情報の伝達を

変化の速度が速い場合には、従業員全員に情報を行きわたらせることはなお一層決定的な問題になる。しかし不幸なことに、十分な意思疎通なしに、猪突猛進しようとする圧力も同様に強くなる。

ユーエスエイ・ツデイの一九九八年九月号は「ちょっとしたコミュニケーションの誤りが生産性を害し、会社を競争上不利な立場においていることが、最近の調査で判明した。その失敗は、特にあらゆる面で変化が激しい時代においては、従業員の士気を壊滅させてしまう」と述べた。

ナサニエル・ブランデン博士は、その著書「セルフ・エスティーム・アト・ワーク（職場における自尊心）」の中で、「自覚をもって仕事をする習慣を助長するためには、経営者は、従業員が仕事をするうえで必要としている情報を入手しやすいようにするばかりでなく、仕事を取り巻く状況を明確に把握して仕事をすることができるように、仕事を取り巻く状況―会社の目標、達成状況、市場の状況、競争相手の様子―についての情報を入手しやすくすることが必要である」と述べている。

会社の計画について定期的に上級者に確認し、部下がそれを理解できるように、説明するならば、管理者としてあなたは大きな利益が得られるであろう。

「そうした説明のない場合は、部下は、恐怖、疑念、混乱と共に生きることになる、もし、そのような状態が起こるままにするならば、会社のリーダーとして、自分の恥として認めなければならない」とニュージャージー州エングルウッドの「経営者コミュニケーション集団」会長ペーター・ギリアーノは述べている。

モーセは、「どうか今、あなたの道をお示しください。そうすれば、わたしはどのようにして、あなたがわたしに御好意を示してくださるか知りうるでしょう」と神に切に求めた。

モーセは、知識の面においては、神の知識を求めていたのかもしれない。しかし、実際面においては、もし誤ったメッセージを中継するならば、彼は神の恵みを失うことを知っていたために、神の正確なメッセージを得ようとしていたのであった。

あなたの部下のためばかりでなく、あなた自身のためにも、メッセージを明確にするための時間をとり、あなたの率いるチームにあなたの道を示そう。

6. ミッション・ステートメントをあなたの十戒として使え

☆使命を徹底させるには人々にあらゆる方向から働きかける必要がある

聖書は、次のように述べる。

「モーセは戻って、主のすべての言葉とすべての法を民に読み聞かせると、民は皆、声を一つにして答え、『わたしたちは主が語られた言葉をすべて行います』と言った。モーセは主の言葉をすべて書き記し、朝早く起きて、山のふもとに祭壇を築き、十二の石の柱をイスラエルの十二部族のために建てた。彼はイスラエルの人々の若者を遣わし、焼き尽くす献げ物をささげさせ…契約の書を取り、民に読んで聞かせた。彼らが、『わたしたちは主が語られたことをすべて、誠実に行います』と言」ったと。

神が与えたミッションをもっとも効果的に伝えるためには、人々にあらゆる方向から働きかけなければならないことをモーセは弁えていた。「ここにミッション・ステートメントがある」とだけ言って、自分のテントに引っ込んでしまうことはできなかったのである。

モーセが十二の柱をもつ祭壇を築いたとき、モーセは、つまるところ、「あなた方は皆、この一部である」と言っていたのである。モーセは、イスラエルの人々に、人々と主およびその律法との繫がりの具体的なシンボルを与えていたのである。主の契約（十戒）は十二の柱をもつ建物に収められ、人々は、この神の言葉を守り、失わずに保持することになっていた。

祭壇が築かれた後、モーセは再び、契約の書を取り出し、これを大きな声で人々に読み聞かせた。それによって、人々の参加意識は非常に高まり、人々は主が命じられたことを単に行うだけでなく、それを誠実に行うことを自ら進んで申し出たのである。

命令を大きな声で読む、それを書き記す、それを収める特別の場所を造る、もう一度それを読む——これが、メッセージを強め、イスラエルの人々にユダヤ教の理想を吹き込むためにモーセのとった方法であった。

☆集団を結集させるには

モーセ以前は、イスラエルの歴史は、すべて口頭によるものであった。伝統主義者たちは、モーセ自身が、旧約聖書の最初の五巻を書いたと信じている。たとえ、いろいろな著者たちがそれに手を入れたという、より学問的な見解をとるとしても、十戒はもっとも最初に書かれた人々の法律であるという絶対的な一つの事実が残る。これに続く、祭儀に関する「命令」はやや複雑であるが、「アタランス」［口に出して言うこと——訳注］とも呼ばれたように十戒は単純であり、また端的なものであった。

学者の中には、それらは、「殺すな」、「盗むな」といった一語の命令であり、現行の文書はモーセから数世紀も後に聖書の編者たちが潤色したものであるというものさえある。モーセの時代においては、十戒は、何度も繰り返し易く、記憶しやすく、非常に明確なものであった。シナイ山のふもとに集まった群集に強い印象を与えるためには、そうでなければならなかったのである。

わたしたちは、脱出した奴隷たちを、ユダヤ民族の凝集された一集団であったと考えがちであるが、聖書によれば、モーセと共に脱出したのは、「多くの人の入り混じった群集」であった。群集には、イスラエル人のほか西部のセミ族、ヌビアンほかが含まれていた。さらにまた、イスラエル人自身も、奴隷生活の過酷さによって団結心が失われたばらばらの部族の連合体であった。こうした雑多な集団をまとめるためには、モーセは、群集のだれでもが、思い起こしやすい、言い換えのできる、また歌うことや書き写すことのできるミッション・ステートメント「凡例参照」を必要とした。

十戒は、この目的に見事に役立ったのであった。

☆会社のビジョンをカードにして日々携行させる

今日のリーダーも、指導原理を、記憶しやすく、また心に刻むことができるように短くまとめた文書にすることによって利益を受けることができ、現に、その利益を実現している会社がある。「世界を変える技術革新的な電子、バイオ、情報技術の創造と商業化」をミッションとするサーノフという会社で働いている友人がある。このミッションは、会社のビジョン、戦略、価値基準と共に財布と同じ大きさのカードに印刷され、新しく雇われた従業員に手渡される。従業員はこのカードを財布に入れ、機会のあるごとに見るように要請される。

サーノフ社のような高度に複合化された会社が、そのミッション、ビジョン、戦略、価値基準を財布と同じ大きさの一枚のカードにまとめることをしたことは、本当に、感銘に値することである。簡潔な指針を確立し、それを文書化することのもつ値打ちを、会社のトップのだれかがはっきりと理解していたのであろう。

この小さなカードには、ミッション・ステートメントのほか、次の事項が記載されている。

【経営のビジョン】

◆十年間に十倍の成長

【戦略】

◆顧客第一

◆すぐれた社員

◆顧客ニーズの創造的解決

◆最善であれ…最善とパートナーを組め

◆予算と納期厳守

◆世界規模での活動
◆顧客の成功に対する従業員の報酬

【価値基準】
◆絶対的な誠実さ
◆チャンピオンであること
◆個人の尊重
◆チームワークによる生産性の向上
◆堅忍不抜と創造性
◆多様性の力
◆理解するためによく聞く
◆人を動かすコミュニケーション
◆地域活動への参加
◆勤勉・面白がること・差異をつくる

社員が、事実このカードを財布に入れて携行していることにも感動させられる。こうした指針を掲示板などに掲げる会社は多いが、社員に財布の中に入れて常時携行させるのは、モーセが契約を十二の柱の中に据えたのに似通うところがある。財布の中で、このカードに記載された事項は、自ずから、その人のものになるのである。

企業化の可能性をもつ新技術に賭けてみようと同社に入社したウォール・ストリートの元銀員から知ったことであるが、このカードは、考え方として印象的であるばかりでなく、実際の生活においても同様に効果を発揮している。十歳の少女がガールスカウトの誓いを暗唱するというのではないのだから、大人の彼女を動機づけるにはこのカードは、少し幼稚ではないか？

わたしがこの質問をしたとき、彼女は「全くそのようなことはない」と確言して、次のように語った。

「わたしはサーノフ社で働くことに大変刺激を受けている。わたしが新しいわたしの名刺を受け取ったとき、ビジョン・カードが名刺の束の一番上に置かれていた。そして、課長は、『名刺を差し出すたびに、このカードもちらっと見てください』と言った。十年の間に売上を十倍にするという会社の目標は、大変野心的なものです。その目標を達成するただ一つの道は、その目標に向かってわたしたちの努力を集中するだけです。ですから、わたしは、課長が言ったように、わたしの名刺を差し出すたびに、このカードをみるようにしています。このカードは、わたしが会社のビジョンに焦点を合わせ続けるのに役立っています。わたしが当社に入社した頃に、特に役立ちました」。

☆会社の目標を日々心に刻み込ませる

「生来の勝者」と言われる人々は、継続的にミッションを心に刻み込んでいくことが持つ力を強く意識している。

女子学生バスケットのトップ選手であるシャミク・ホールズクローは、よく知られているように、自分の目標を、靴、ソックス、汗止めバンドに書いている。最初に全国選手権大会に出場したとき、彼女は、スニーカーに「防御によって選手権を獲得する」と書いて、コートに入った。

経営者として、あなたは、ミッションを、いつも従業員の目の前に置き、自分たちの仕事で会社と社会をどれだけ向上させることができるかをいつも思い起こさせることにより、部下にミッションへの思いを燃やせさせることができる。ミッションを半年に一度の会議で、思い出すだけではなく、毎日、心に刻むことができるようにしよう。

そうすることによって、あなたの部下たちが「すべて行います」から「すべて誠実に行います」に飛躍する可能性が高まる。

7. 信頼は日々新たに獲得する必要がある

☆疑い深い人々の中で

モーセが、イスラエルの人々を率いることに乗り気でなかったのは、イスラエルの人々がついてくるかどうかについて、強い疑念を持っていたのが一つの理由である。「彼らは『主がお前などに現れるはずがない』と言って信用せず、わたしの言うことを聞かないでしょう」とモーセは主に言った。

主は、モーセに与えようとされていたさまざまな神意のしるしと力を示して、人々が従うこと、人々が信じることを保証された。最初はすべて計画どおりに運んだ。

「モーセはアロンを伴って出かけ、イスラエルの人々の長老を全員集めた。アロンは主がモーセに語られた言葉をことごとく語り、民の面前でしるしを行ったので、民は信じた」。

しかし、人々の信頼は長くは続かなかった。モーセが恐れていたように、イスラエルの人々は、扱いにくい存在であることが明らかになった。多くの民（必ずしも全員ではない）は喜んでエジプトを出発したのであったが、ほんの数日後、紅海（あるいは葦の海）の辺で、モーセに敵対し始めた。

神が海を開かれ、人々は喜びに満ちて、モーセに従って砂漠に入ったが、モーセに対する人々の信頼は、またもや、しぼんだ。人々はのどが渇いていた。そこでモーセは苦い水を甘い水に変えた。人々は飢えていた。そこでモーセは、マナとうずらを与えるよう主に訴えた。

しかし、こうした奇跡にもかかわらず、続く幾週の間、人々は「わたしも子供たちも、家畜まで渇きで殺すためなのか」とモーセを非難し続けた。

「彼らは今にも、わたしを石で打ち殺そうとしています」とモーセは主に叫んで言った。自分は自分のしていることを知っていることをイスラエルの人々に信じさせるには、どのような奇跡も十分でないようにモーセには思われた。状況の変化の都度、モーセは自分が信頼できる人間であることを立証しなければならなかった。

☆不確実な大洋に人々を向かわせるには

もし、紅海の水を分けたり、ファラオの軍勢を溺れさせることによってでも、モーセがイスラエルの人々に、自分が神の使者であることを確信させることができなかったのであれば、普通の経営者が部下の信頼を維持するのに苦労することは驚くにあたらない。多くの人は、男も女も疑い深い。

リーダーがモーセのような人であっても、予測できない不確実な大洋へ、付き従うことは、躊躇するものである。人々の信頼は、一度得れば、決定的に永遠に続くといったものではない。あなたの過去の成功がどれほど輝かしいものであっても、信頼は、日々新たにされなければならないものである。

皮肉屋の多いハリウッドには、「あなたの評価は、あなたの直ぐ前の作品で決まる」という警句が流行っている。

☆世界的なソーク博士でも世間の嘲笑の中にあった

人間性のこの面をわたしが実感したのは、一九九五年にジョーナス・ソーク博士にインタビューしたときのことであった。一九三五年にポリオワクチンを開発したソーク博士は、生前の最後の放映されたインタビューになったのであるが、インタビューの間、何事か深く考えを巡らしている様子であった。

インタビューの中で、わたしは「あなたは、ポリオに関するあなたの研究のことで、嗤いものになっていたようですが」と言った。

「科学の全学会から」と博士は私の言葉を確認し、「だれも、それがうまくいくとは信じていませんでした。死んだウイルスを体内に注入することによって、抗体を刺激させることができるとは、信じるものはありませんでした」と言葉を続けた。

わたしたちが、このように語り合っていた頃、博士は、再び、先駆的な研究に熱中していた。博士は、公衆衛生の分野における巨星であり、議会の金賞（その他の多くの賞は言うまでもなく）

の保有者であり、ソーク研究所の代表であったにもかかわらず、その研究計画は大きな抵抗に面していた。

彼が研究している病気はＡＩＤＳであり、ＡＩＤＳに対するワクチンを開発しようとする博士の試みは、四十年前に彼が経験したと同様の嘲笑に遭っていた。今回は、学会はウイルスは迅速に変化するから、ＡＩＤＳワクチンをつくることはできないことを強調していた。

「この研究が成功することは、わたしには分かっている。現に成功しつつある」と博士はわたしに言った。博士のミッションの純粋さ、研究方法への信念は、冷笑的な否定論者たちすべてを問題外のものとしていた。

その年の六月に亡くなるまで、ジョーナス・ソークは研究を続けた。死去の八か月後に、フィラデルフィア・インクワイヤー誌は、「ジョーナス・ソークの生涯最後の研究は実り、ＡＩＤＳに対抗する薬品の大規模臨床実験が始まる」と報じた。

一九九七年にワクチン、レミュネについての最初の報告が公表され、レミュネを服用した患者のＨＩＶウイルスに対する免疫力が大きく増加したと報告された。

本書執筆中の現在、臨床実験が続いており、インターネット上では、この薬品は、単にソークワクチンと呼ばれている。

☆部下の信頼は日々獲得される必要がある

あなたが、部下に、新しいあるいはむずかしい問題を提起した場合、部下たちの大方は、従来の考えを変えることなく、「できません。わたしたちには不可能です。どうしてわたしたちをこんなところへ連れてきたのですか」と言うだろう。

部下の信頼を得る唯一の道は、終にあなたの紅海が開かれるまで、あなたのミッションを堅持し、ひるむことなく進むことである。紅海が開けたとき―不可能と思われたあなたのアイデアの実現性が明確になったとき、大衆はあなたについてくるであろう。しかし、人々が山のふもとにとどまり、もう一つの奇跡を求めたときに、あなたは備えなければならない。

あなたの部下の信頼は、あなたのビジョンとエネルギーによって、日々繰り返し点火され続けねばならない。「わたしは、あなた方がかたくなで背く者であることを知っている」と、鹵に衣着せぬモーセはイスラエルの人々に言った。

あなたが信頼できる人間であることを、たった一度だけでなく、いつも示せるように準備しておけ。そうすれば、それが勝ち取れる唯一の方法、つまり、日々、あなたの部下の信頼を勝ち取るであろう。

8. 顔と顔を合わせて交渉せよ

☆顔と顔を合わせて始めて信頼が得られる

モーセが死んだとき、彼は墓標のない墓に葬られた。「今日に至るまで、だれも彼が葬られた場所を知らない」と聖書は述べている。

しかし、申命記の最終章には、「イスラエルには、再びモーセのような預言者は現れなかった。主が顔と顔を合わせて彼を選び出された」と一種の墓碑銘のような言葉が記されている。

モーセが顔と顔を合わせて神と交渉をもったことは、モーセの一生にとって決定的なことであった。聖書は「主は人がその友と語るように、顔と顔を合わせてモーセに語られた」と記し、さらにまた、万能の主は、正道から外れたイスラエルの人々に「彼はわたしの家の者すべてに信頼されている。口から口へ、わたしは彼と語り合う、あらわに、謎によらずに。主の姿を彼は仰ぎ見る」と注意することをためらわれなかった。

ここでは、信頼という言葉は、顔と顔を合わせて交渉するということと同じ意味で用いられている。この点において、モーセと神の関係は、人と人とのコミュニケーションの一つの模範を示すものである。

人生のあらゆる場合において、顔と顔を合わせるということは、コミュニケーションのやり方として最適のものである。最近では、お互いに目をあわせることを避けることができる。たとえば、電話、Eメール、ファックス、留守電といったさまざまな道具を利用して、またさらに、たとえば、弁護士、コンサルタント、代理人などといった、顔と顔を合わせて話し合うことへの社会制度化された障害物がある。これらはすべて、ただ本人が自ら話すことの大切さを気づかせるのに役立つにすぎない。

しっかりと相手の目を見つめながら交わす握手は、今もなおあらゆる交渉において、最も貴重な道具である。

☆対面交渉が交渉の基本

わたしは、顔と顔を合わせて交渉することの楽しさと、そうした個人的な接触が妨害された場合に味わう失望を、自ら経験したことがある。

一九九六年、わたしは、偶然、当時ティック・マスターのCEOをしていたフレッド・ローゼンと同じホテルに泊まったことがあった。わたしの経営しているイメージ・ムーヴメント・テクノロジー社（IMT）は、丁度、軌道に乗りかけており、そのことをフレッドに話した。彼は、それに興味を示し、数週の後に会う約束ができ、実際、わたしたちは会った。フレッドは、頭の回転の速い男で、動画広告を製造しているわたしの会社とテイック・マスターが提携することを考えついた。十分間の話し合いで、提携の話はうまくいくであろうというおおよその結論に達した。その結論には提携がうまくいけば、五年以内に、テイック・マスター社が、ＩＭＴを買収するということも含まれていた。

細部の話し合いは弁護士に任せることになった。法律的ないろいろの駆け引きがあった後、この交渉はこわれた。そうこうするうちに、ローゼンの関心は薄れ、また、遅延が重なり、顔と顔を合わせるわたしたちの接触は中断されてしまった。後に分かったことであるが、ホーム・ショッピング・ネットワーク社がテイック・マスターを買収中であり、ローゼンはそのことで頭がいっぱいであったようである。

長い目でみれば、テイック・マスターと提携をしなかったことは、わが社には幸いであった。――ＩＭＴは、ホーム・ショッピング・ネットワークという大きな池の中では小さな魚にすぎなかったであろう。それにしても、わたしは、最初の十分間の交渉と対照して、法律用語を伴う骨の折れる交渉のことを、よく思い出すものである。

☆対面交渉を妨げるもの

もし、あなたが、顔と顔を合わせる接触をもたないならば、ひとたび、弁護士、監査人、分析家、会計士が、交渉の過程に介入したときには、結論に達することはむずかしくなる。あなたは交渉事をまとめ、前進することを求めているのに対し、弁護士たちは、百年も先に起こるかもしれない問題を見つけ出すことによって報酬を得ているのである。

話し合いの勢いを維持するためには、あなたは、相手の代理人ではなく、相手と顔と顔を合わせて会うことを続ける必要がある。顔と顔を合わせることによって交渉が短時間でまとまった例を一つあげよう。

それは、一九九三年に、ネーデルランダー・オーガニゼションの会長のスタン・セイドンにわたしが初めって会ったときのことである。同氏とはいろいろな機会に電話で話したことはあったが、わたしたちの教会がビバリー・ヒルにある歴史的建造物であるウイルシャイアー劇場を借りることができないかを交渉するために、直接会うことになったとき、会談は面白い経過をたどった。スタンは、「あなたが、五年前、わたしたちの教会でしたすばらしい説教を覚えていますよ」と切り出し、「あなたの説教の話し振りと内容に感銘しました」と続けた。四十分ほど、お喋りや冗談を交わした後、わたしたちは契約を取り交わした。

電話による会話は、顔と顔を合わせる直接的な対話の代りには決してならない。

☆合衆国郵政公社における試み

弁護士報酬が急騰する現在、あらゆるところ、さまざまの組織において、顔と顔を合わせてする話し合いの採用が広まりつつある。

合衆国郵政公社では、職場の人間関係を改善し、あちこちで発生する問題に関連した紛争を緩和する目的でREDRESS［Resolve Employee Disputes Reach Equitable Solutions Swiftly（迅速に、従業員の間の紛争を解決し、公平な解決を見出す）の頭文字を連ねたもの、Redressは普通の動詞または名詞としては不正・不均衡などを治すという意味をもつ――訳注」という制度を発足させた。

ＲＥＤＲＥＳＳは、郵政公社の職員で差別されていると主張する者には、調停者と面接する機会を与え、中立てから十四日内に、紛争を解決しようという制度である。

紛争解決の手段は他にもあるが、解決に幾月もかかり、また、面談の制度をもっていない。最悪の場合には、高価なものなる訴訟が提起され、職場の緊張状態をますます増加させる。

☆犯罪の被害者と加害者の対面

顔と顔を合わせて行うコミュニケーションの持つ力のより驚くべき事例は、犯罪者とその犠牲者が同席して、犯罪の体験について、双方が語り合うことにより、犯罪者とその犠牲者の間を取りもとうとする企画の成功である。犯罪といっても、普通少額の財産上のもので、犯罪者は未成年者であることが多い。しかし、犠牲者にとっては、そうした「小さな」犯罪でも、深刻な心理的衝撃を与えることがある。そして、年少の犯罪者が、被害者と顔を合わせる場合、自分たちの行いについての考え方を根本から変えることができるのである。

「犯罪者は自分たちを、社会の制度自体によってねじ曲げられた被害者であると意識していることは、珍しいことではない」とウイスコンシン・マディソン法科大学の更生計画の責任者であるブルース・キトルは言う。また、彼の同僚のウオルター・ディッケイは、「そこに、人が繰り返して犯罪を犯す原因がある。犯罪者の側に、被害者に対する心からの理解がないことに、問題の大部分がある」とこの意見に賛同している。

「プログレッシヴ」誌（一九九八年九月）のインタビューで、キトルとディッケイは、被害者と犯罪者の和解の制度の実現に対し、非常な熱意を表明、「これは、現行制度のすべてを変えることにはならないかもしれない。しかし、それがもつ真理は必ず勝利するであろう」と語った。

きわめて重大な犯罪の場合でも、被害者と加害者が、同席して話合うことによってすばらしい効果が得られることがある。娘を殺した犯人と向かい合うことを十二年間待った父親の、痛切な事件が、テキサス・マンスリー誌の一九九八年八月号に報じられた。

「わたしの娘をこんな目にあわせた者を探し出して、直接会って『一体、どうしてこんなことをしたのか』と言いたかった」とロバート・キムブリュは回想する。

「彼を探し出すことには多大の努力と勇気を必要としたが、フェリオン・ワードロップに会いたいという望みが私を狂気から逃れさせてきました。十二年の長い年月の後、わたしは、終に、犯人に、彼が、わたしの人生に与えた恐怖を語ることができました。そして、『ロバートさん、本当に、申し訳ないことをしました』という犯人の顔に、それが、心からの言葉であることをみました」と語った。

顔と顔を合わせた話し合いにおいてのみ、この深さにおける癒しが始まるのである。どれほどわたしたちが技術的に進歩しようとも、人間同士の触れ合いに代わるものは決してない。ひとつの出会いを大切にしたいと思うならば、この事実を利用すべきである。

消息を伝えよう。付き合おう。

顔と顔を合わせる関係を保とう。

9. あなたの次長を最大限に利用せよ

☆なぜ次長が必要とされるか

しっかりした次長を必要とする証拠が欲しいのであれば、モーセとアロンの関係を思い浮かべるがよい。

モーセが責任者であったことは間違いのないところであるが、モーセの使命は、その兄弟なしては達成することは不可能であったろう。その理由は、モーセは言語障害をもっていたということから明らかである。

そのことを「全くわたしは口が重く、舌の重い者なのです」と言う言葉で、主に告げた。モーセとは対照的に、アロンは雄弁であった。「彼によく話し、語るべき言葉を彼の口に託すがよい。わたしはあなたの口と共にあり、また、彼の口と共にあって、あなたたちのなすべきことを教えよう。彼はあなたに代わって民に語る」と神は、モーセに説明された。

これはさしあっての問題の単なる実際的な解決であるようにみえるが、出エジプトの物語が展開するにつれ、わたしたちは、この計画の巧妙さを知ることになるであろう。

代弁者としてのアロンの役割でもっとも大きな効果は、モーセが必要と考えたとき、モーセとファラオ、―そしてモーセとイスラエルの人々―の間に距離を置くことを可能にしたことである。そのことは、アロンが情報を伝え、モーセがそこから離れて立ち、聞き手の反応を見ることを可能にした。アロンが神の計画を宣言した。アロンがモーセの杖をふるって最初の疫病を流行らせた。

しかし、ファラオの怒りに対抗するときや、神に代わって語るときには、モーセが介入した。自分の大目的を進めるため、絶対的権威を必要とする場合には、モーセ自身が語った。

☆情報伝達者としての次長

疑惑や、怒りにあうかもしれない情報を次長に伝えさせることは、時の試練を経た大切な技術である。わたしの息子ジョナサンが赤ん坊であった頃、定期検診や予防接種に連れて行ったものだが、入ってきて赤ん坊をあやし、やさしく診察をし、なだめるように話し掛けるのは医者で、注射をするのは看護婦であった。その結果、ジョナサンは、医者と痛さを結びつけることはなかった。

人々を善玉と悪玉とに二分してみるということは、大雑把ではあるが、効力を発揮する。

映画監督のマーシャル・ヘルスコヴィッチが「危険な美」という映画をつくっていたとき、彼は、イタリアの有名な衣装デザイナーに委嘱して、衣装をデザインさせた。その映画で女優は、高級売春婦を演じることになっていた。大変有能で、仕事に厳しいそのデザイナーは、映画が描く時代に忠実に装飾が少ない、襟ぐりを大きく開けない、赤の地味なガウンをデザインした。

このデザインをみた瞬間、ヘルスコヴィッチは、このデザインは、映画の主役にもっとも重要な官能性を表していないと見た。彼はまた、デザイナーは自分がしたデザインを変更することに抵抗するであろうが、そうなると、既に切迫している予定に差し支えるであろうことが分かっていた。

そこで、ヘルスコヴィッチは、この望ましくない知らせを告げるために、プロデューサーを派遣することにした。デザイナーは、このプロデューサーに癇癪玉を破裂させたが、ヘルスコヴィッチと会うまでには、デザインを変更することを甘受する気持ちになった。

その結果、仕事は予定どおり進み、映画は関係者が皆満足するように完成した。

あなたが告げようとしているメッセージが相手にとって、たとえ衝撃的なもの、あるいは不愉快なものでなくても、メッセージが誤解されることがある。そうした場合、あなたの次長は緩衝材の役割を果たしてくれる。

たとえもし、解釈の違いが生じたとしても、あなたの部下は、苦情を言うことができるあなたという上級機関を持つことになる。メッセージが激しい抗議にあった場合には、あなたは、次の手を考えたり、既往の計画を自分自ら再度主張したり、企画を変更したりすることができる。

あるいはまた、あなたは企画に本格的に取り組む前に、自分の意図に対する部下の反応を観測するのに次長を使うこともできる。

☆調停者としての次長

次長のもう一つの重要な役割は、調停者としての役割である。

モーセは神の律法を伝える者としてリーダシップの梯子の最上段に立ち、アロンは、調停者の役割を演じた。ここにおいても、アロンはモーセと人々の間の緩衝材として行動した。リーダーは独立した理性の声として見られなければならない。

あなたが、論争から一歩退き、その上にあって、両者の言い分を十分な時間をかけて聞き、両者がなにを求めているかを正確に見い出すならば、あなたは、理性の独立した声としての役割を果たすチャンスを高めることができよう。

こうしたことは皆、次長にとって割の悪い仕事であるように聞こえるが、それは次長の仕事の一つの面にすぎない。あなたの次長は、あなたの組織内において、あなたに次ぐ、権力と責任をもっている人でもある。ウエスタン・インターナショナル・メディアの会長兼社長のデニス・ホルトは、多年にわたって、会社を独裁してきたが、次長としてミハエル・カッサンを任命した。ホルトは、ウエスタンの社内の事情を「皆がベッドの周りに集まってホルトが死ぬのを待っている『ギリシャ人ゾルバ症候群』の状態にある」と述べたことがあった。カッサンが、会社の日常業務を取り仕切り、一方ホルトは米国ほか海外業務の拡大に、時間の大部分を当てた。

わたしは、二人にインタビューしたが、二人の波長は合っており、カッサンはその仕事を心から楽しんでいることが、はっきりと見てとれた。二人はしばしば、二人の言葉を「我々は、言葉を交わさないでも、なにをしなければならないかを正確に知ることができる」と言う言葉で結んだ。二人は、長時間働いたが、カッサンは不平をこぼすことはなかった。「はじめ、なにか知らないことがあると、デニスは、『どうしてそんなことを知らないのか？』と驚いたものであったが、我々は、すぐにお互いの仕事のやり方を知るようになった」とカッサンは語った。

☆次長独自の活動分野を設ける

次長の地位にある人たちが、いつかはトップの地位に就きたいと望むことは驚くにあたらない。次長たちは仕事のこつを覚え、自分の領域を支配する準備ができている。

アロンにこのことが起こったとき、モーセは彼特有の先見性をもって、それに対応した。事実、圧力は外部―モーセが縁者贔屓をしていると非難する人々―からかかった。

それに対するモーセの解決法は、アロンの権限に属する事項の範囲を、自分の権限の範囲とは、明確に区分することであった。モーセは、儀式や犠牲を司る仕事を含め、聖職者の地位を創始し、その長にアロンを据えた。それまでは、モーセとアロンは一体のものと見られており、両者のリーダーシップは絡み合っていたが、いまや、アロンは独自の活動領域を持つことになった。二人の兄弟は、従来どおり、同じ目標―約束の地に達し、唯一の神を拝する―に向かって協力し合ったが、アロンはモーセを離れて独立した位置に立つことになった。

自分の次長にこうした大きな権限を与えることは、自信のある長にだけできることである。しかし、このことによってモーセは彼が正に必要としていたこと、つまり、縁者贔屓に対する人々の不平に終止符を打ち、イスラエルの人々を一つのことに集中させ、団結し続けることを得させたのである。

アロンが自分の活動分野を奪い取ったのではなく、モーセが、神の命令によって、アロンのために、その地位をつくったのであることに留意しなければならない。

モーセは、そうすることによって、組織の目標を一層進める部門―祭司職―をつくったのである。

あなたの次長が、自分自身の独自の活動分野をあなたに求める日に対して先手を打て。その日が来ない可能性はある。しかし、人が才能を持ち、また野心を持つならば、その日がやって来る確率は高い。

その危機が訪れるずっと先に、あなたの目標達成にもっともよく合うような一種の「祭司職」について思いをいたせ。

独自の活動分野を与えるように請われることを待つよりは、活動分野を先に与えることによって、人々の忠誠心を維持し、また、あなたの大きな目標についての支配権を保持するチャンスを高めることができる。

10. あなたの部下を精神的な奴隷状態から脱出させよ

☆モーセの最大の課題――人々を自由人にすること

モーセは、イスラエルの人々に自分とともに、エジプトを脱出することを決意させるためには、自分の持っているすべての力と説得力を用いなければならないことを知っていた。モーセは、「そして、わたしはあなたたちをわたしの民となし、わたしはあなたたちの神となる。…わたしは、アブラハム、イサク、ヤコブに与えると手を上げて誓った土地にあなたたちを導き入れ、その地をあなたたちの所有として与える。わたしは主である」という全能者である神の誓いを、中継ぎすることによって動こうとしない行列をなんとか発進させようとした。

これ以上よい保証をモーセは提供することができたであろうか？　自分にただ従うだけで、人々をカナンに導こうと約束されている神御自身がそこにおられるのである。しかし、この説得は功を奏しなかった。

「モーセは、そのとおりイスラエルの人々に語ったが、彼らは厳しい重労働のため意欲を失って、モーセの言うことを聞こうとはしなかった」。

イスラエルの人々は、人々の記憶の及ぶ限りにおいて、幾世代にもわたって、奴隷であった。極端な階層社会にあって、人々は階層の最底辺にあった。主が人々を解放すると誓われたにもかかわらず、人々は、その約束に耳をかそうとしなかった。それは、イスラエルの人々は、自由であるということを思い画くことができなかったからである。

自由であるということは、人々の経験の世界から余りに離れていた。エジプトを出発してから、数年も経ってからさえ、人々のほとんどは、自分がなお奴隷であるかのような感覚を持ち、またそのように行動した。

「意欲を失って」という言葉は、うんざりしているとか、意気消沈している以上の意味を持つ。それは、自己自身に対する認識が崩壊していることを意味している。自己自身に対する見方の範囲が限定されていること、自分を取り巻く状況を支配することへの無力感が、奴隷的精神の本質である。

モーセに課せられた課題は、どのようにして自由になるかということと、自己決定とはどういうものかを人々に教えることであった。

☆自己決定権が自由人のしるし

自己自身についての認識が限定されている多くの人と同じように、イスラエルの人々は、自分たちの問題がなんであるかを正確に理解しなかった。だれもモーセに「しかしわたしたちは、元奴隷の集団に過ぎません。わたしたちは、自分自身を管理した経験も、自信もありません」と言ったものはなかった。

新しい障害に遭遇するたびに、人々は、慌てふためき、エジプトを恋焦がれ、自分たちへのモーセの期待が大きすぎると、ぶつぶつ不平を言った。ファラオの軍隊から逃れたことから、うずらとマナを見つけ出したこと、十戒を授けられたことまで、成長の機会にすることができたあらゆる経験も人々には無益のものであった。それは、人々が自分たちを、征服途上の英雄とみないで、無力な奴隷であると考えたからである。

今日の職場においても、精神の奴隷状態のことが話題にされ、従業員自身も、よく自分たちを賃金の奴隷であると言う。この言葉は、事業の世界の底辺でのらりくらりしている労働者というイメージを思い起こさせがちである。しかし、だれでも、精神の奴隷状態に対して無防備なのである。

あなたが、ＣＥＯであろうとも、一人の販売員であろうとも、あなたが、あなたを現在の状態においてのみ見たり、新しい考えや技術に抵抗するならば、あなたは、かつてイスラエルの人々がはまっていたと同じ、精神状態にあるのである。

☆自己決定を誤らないための推論法

フォーチュン５００のビジネスコンサルタントのトム・ドラッカーは、わたしにリック・ロスの著作を紹介してくれたのであるが、いわゆる精神の奴隷状態とロスが「推論の階段」と名づけ

4　メリーは足並みを揃えることができない、そして、わたしたちが、競走上の優位さを失うことを意に介さない。(わたしの仮説から引き出されたわたしの結論)

3　彼女は、競争力がない。(わたしの解釈に基づく仮説)

2　メリーは競争を好まない。(わたしの個人的な信条や過去の経験に基づく、彼女の発言についてのわたしの解釈)

1　「わたしたちは、お互いの間で競争し合わないようにする必要がある」、「わたしたちは、わたしたちが全体が会社に貢献する度合いによって報いる方法を考え出す必要がある」とメリーは言っている。(眼や耳で確かめることのできる事実)

ているものとの類似性に驚いたことがあった。

ロスによれば、わたしたちは、日々の出来事を、慣れ親しんできた見方と過去の経験というフィルターを通じて見る。それを避ける道はない。「あなたは、あなたの人生に新しい意味を付け加えたり、そこから、結論を得ることなく生きることはできない」とロスは言う。

しかしながら、わたしたちの個人的フィルターは、わたしたちの見る事象をしばしば歪める。わたしたちが、大切なこととして選んだ事柄はそれほど重要なことでなく、自分たちが既にもっている考えを強化するだけのものにすぎないことがある。

職場においては、このことは、新しい考えを、個人的な偏見という分厚いレンズを通じて見る結果を招く。

5　わたしたちは苦情を申立て、モーセに反抗しよう。
4　モーセはわたしたちを、ここで死なせるために連れ出した。
3　モーセは、わたしたちは、水がなければ死んでしまうことを知っていた。
2　飲料水がなければ、わたしたちは死ぬ。
1　ここには、飲料に適した水がない。

わたしたちは、既成の世界観の奴隷になるのである。ロスは、推論の階段を前ページ上掲の例で説明している（傍点は引用者）。階段の最下段には、常に、実際に生じた事実、つまり、眼や耳で確かめることのできる事実がくる。荒れ野においては、推論は上掲の階段のようになされたのであろう。

イスラエルの人々が、水を自分たちで探すよう努力したとか、探すことを試みたということは出エジプト記のどこにも見い出されない。それは彼らが肉体的に弱かったからではない。なぜなら人々は、エジプトの巨大な記念碑を建てた人々であったから。

人々は、肉体的には確かに自活する力をもっていたが、精神面においては、無力であった。

人々が、奴隷であったときには、食べ物、水、住居をエジプトの主人に依存していた。荒れ野にあって、人々の古い判断基準を捨て去ることが不可能であることが立証されたのであった。

☆精神の奴隷状態からどう脱却するか

経営者や従業員は、どうすれば、こうした精神の奴隷状態から脱却できるであろうか。ロスによれば、その答えは次のとおりである。

◆自分がどのように思考し、推論しているかをもっと意識するようにする（反省）
◆自分の思考の方法、推論の過程を他の人にもっと見えるようにする（擁護・主張）
◆他の人がどのように考え、推論したかを調べる（質問・調査）

推論というものは、瞬時になされるものであるから、立ち止まって、自分の推論の経過を検討する努力は、意識的に行う必要がある。

そのためには、次のような問いを発してみるのがよいと、ロスは提案している。

◆眼や耳で確かめられた事実はなにとなにか？
◆事実がどうであるかについて、だれもが同意するか？
◆自分がした推論の経過を他人に辿らせることができるか？
◆把握された事実関係から、どのようにして仮説が得られたか？
◆「わたしの推論の結果はしかじか」という場合、それは「結果についてのわたしの解釈」を意味していたか？

このような問いは、あなたとあなたの仕事仲間に事実関係について反省し、あなたの推理過程を明確に表現（ロスの言葉によれば擁護・主張）し、あなたの同僚がどのようにしてある仮説に到達したかを質問することを強いる。こうした問いによって、わたしたちは社会通念的な判断の枠組みから抜け出し、より広い視野を持つことができるようになるのである。

奴隷の民を自由な国民に変革させようとしたとき、モーセは、右に述べた三つの方法のうち、擁護・主張と質問・調査の二つを用いた。（もう一つの反省は、この場合には重視されなかった。それはモーセのミッションは明確であり、また神の口からの直接与えられたものであったからである）。このミッション―イスラエルが生き残ること―を成し遂げるためには、「わたしたちは奴隷である」から、「わたしたちは自由な人間である」へと、人々のパラダイムを変革する必要があった。

この変革を擁護・主張するため、モーセは人々に十戒を与え、自分の考えを人々に見えるようにした。ついで、モーセは十戒が格納されている臨在の幕屋の前で、祭礼を行い、主の命令を幾たびも繰り返すことによって、十戒の大切さを力説した。と言っても、モーセは神の言葉をただ単に伝えただけではなかった。

モーセは、十戒の持つ考え方について、お互いに話し合い、討議することを奨励した。モーセは、判事と治安判事を任命し、新しい法律について考察を加え、人々の間の紛争を解決させた。この質問・調査の伝統は、現在なお、ユダヤの思想の基本をなしている。

「身分の上下を問わず等しく事情を聞くべきである」と、モーセはイスラエルの人々に呼びかけた。

☆時間のかかる自由人への道

このパラダイム・シフトを、すべてのイスラエルの人々が、成し遂げたのではなかった。全体的にみて、イスラエルの人々のほとんどは、自己決定することができないであろうと、モーセはみていた、そのため、モーセは、自由な男あるいは女として育てられた新しい世代と共に、カナンに入ることができるよう荒れ野を四十年間彷徨する決心をした。

しかし、元奴隷の幾人かは、飛躍をすることができた。この人たちが、自由の道を次の世代に教育するモーセを助けたのであった。

現在と同様、当時においても、パラダイム・シフトは、木を切り倒すように一撃でなされものではなく、水が滴り落ちるようにゆっくりとなされねばならないものであった。

あなたのリーダーシップによって、たとえその数は少なくても、鍵になる人たちに新しい自己認識への、この突破口を開かせることになるなら、その人たちは、その下にある人々にそれを伝えることができるよう。

この突破口が開かれるよう反省、擁護・主張、質問・調査を使おう。

11. 会社の規則とそれを破った場合の結果を明確にせよ

☆罪と罰に厳しい旧約の世界

聖書には、「すべし」、「するな」という言葉を使う十戒をはじめ、十戒を支えるさまざまな命令など、たくさんの規則が記されている。聖書にはまた、警告、つまり、規則を守らなかった人々の身に振りかかることについての詳細な記述がある。

シナイ山で、日々の生活および主を礼拝するに当たって守らなければならない規則を朗読した後、モーセは神の名において、次の警告を発した。

「あなたたちがわたしの掟に従って歩み、わたしの戒めを忠実に守るならば
…わたしは国に平安を与え、あなたたちは脅かされることなく安眠することができる。わたしはまた、猛獣を国から一掃し、剣が国を荒廃させることはない。
…わたしはあなたたちを顧み、あなたたちに子を生ませ、その数をまし、
…わたしはあなたたちのただ中にわたしの住まいを置」く。

この点まではこれでよしとし、ついで神の道から外れるものに対する罰は厳しいであろうことが次のように告げられる。

「しかしわたしの言葉を聞かず、これらすべての戒めを守らず、

…あなたたちの上に恐怖を臨ませ、肺病、失明や衰弱をもたらす熱病にかからせる。あなたたちは種を蒔いてもむなしい。敵がそれを食べ尽くす。わたしは顔をあなたたちに向けて攻める。それゆえ、あなたたちは敵に打ち破られ、あなたたちを憎む者に踏みにじられ、追う者もないのに逃げ去らねばならない。

…わたしはあなたたちを退ける」。

☆規則を明確にして従業員に行動の選択余地を与える

従業員がもし会社の方針に従わないならば、肺病、熱病、妄想狂に苦しむであろうと、確信をもって言う経営者はいないだろう。

しかし、会社の方針を守らない場合には、その従業員には、どのようなことが起こるかを明確にしていない経営者が多い。

明確に表現されているいないにかかわらず、どの職場にもなんらかの規則があるものである。もし従業員が職場にどのような規則があるかを知り、また、規則を破った場合には、自分にどのような結果が生じるかをあらかじめ知ることができれば、従業員は自分の行動をより適切に選択することができる。

テネシー州ブリストルのＳＥＳＣＯ経営コンサルタント社のＣＥＯであるジョー・Ｗ・Ｌ・ローソン二世は、大小の企業で、三十七年に亘り、労務政策をつくり、それを実際に導入する仕事をしてきた。人事政策についての二冊の書物の著者として、ローソンは、シナイ山の律法は、生活、仕事、個人の行動についての大きな影響力をもつ規則となるものであると述べる。

「旧約聖書は、どんな地域や組織であれ、そこで幸福に暮らそうとするならば、人は規則を守らなければならないことを明確にしている。…そうしなければその人は排除される」とローソンは述べている。

ある意味において、聖書は、会社の諸規定やマニュアルの原型であった。

☆規則を明確にすることによって職場を明るくする

十戒とは異なり、あなたの会社の諸規定は、石に刻まれていない。事実、十戒でさえも、注解による解釈を必要とする。たとえば、殺すなかれという法律は、自己防衛の場合には、酌量のうえ適用される。

同様に、会社の諸方針も、事情の変化あるいは従業員の側の情況に応じて改定されなければならない。

ローソンは、ある養護施設の経営者が、一部の看護婦が取る有給の病気欠勤の日数に関し困っていた例を次のように回想している。

ローソンには、看護婦が本当に病気で欠勤するのではないことが分かっていた。ローソンは、看護婦たちに、疑いをもって（それはいずれにせよ立証できないことである）対決する道ではなく、皆勤した場合に特別休暇を与えるという新しい方針を打ち出した。それは、看護婦が、欠勤あるいは遅刻なしの一定の日数を獲得した場合には、許可を必要としないで、一日の有給休暇を与えるという制度であった。

経営者が最初この制度を導入したとき、従業員はそれに抵抗した。しかし、間もなく、必要な場合には、うそをいったり病気のふりをしないで、休暇をとることができるという利点を理解するようになった。ローソンは次のことを指摘する

「イスラエルの子らが、初めて、十戒を聞いたとき、彼らは、新しい規則を好まなかった。人々は、自分たちの同意していない基準に従って生きなければならないことを、モーセが強いているように感じた。しかし、この規則に従って生活を始めてからは、人々は、自分たちが、より幸福に、仲良く、日々を楽しんでいることを見い出した。これと同様に、看護婦たちは、新しい方針によって、より満足して、また、心の平静を持つことになったことを知った」。

すべて組織は、人事管理、事業の倫理、チームワーク、顧客サービスについて指針を持つ必要があり、また指針とそれを破った場合の帰結は、あいまいさのないように明示されていなければならない。

現代のような、道徳相対主義の環境においては、もし、モーセが一九九〇年代に山を下ったとしたら、彼は、十戒ではなく、十の提言を持って下ったであろうとある皮肉屋が言っている。

ローソンによれば、「三十七年の間に自分がコンサルタントとして関係した成功企業は、文書

化し、公表され、従業員に配布された行動基準を持っている」。

必要なのは、提言ではなく、基準なのである。

あなたの会社の方針が、公表されていなかったり、あいまいなものである場合には、あなたの従業員が会社の方針に従って行動することを、期待することはできない。基準がない場合には、あなたはケースごとに個々に解決する必要が生じるが、それはあなたの時間の恐るべき浪費である。

文書化され、各従業員に渡された明確な方針と手続きは、経営者が知者ソロモン〔紀元前千年頃のイスラエルの王で、栄華は絶頂を極めたが、知恵の権化として知られる。名判官としての逸話にわが国の大岡裁判にある子供の争奪をめぐる二人の女性の話の原形がみられる――訳注〕の役割を演じることから解放する。

理想的なことを言えば、三千年前にモーセがシナイ山から持ち下った律法を特徴づける知恵のいくつかと他者に対する尊敬の精神を組織の規則に盛り込みたいものである。

12. 叱り方、叱られ方を学べ

☆共同生活の基礎としての相互批判

絶え間ない批判は、破壊的な凶器であるが、批判をしないこともまた同様に、破壊的である。だれかがなにか悪いことをしたときに、それを咎めない場合には、さまざまな障害が起こることを、モーセは知っていた。公平に扱われないことに対する不満や怒りは、共同体の利益を根本から崩すことになるため、モーセは悪事を働いた者をどう扱うかについての指針を「心の中で兄弟を憎んではならない。同胞を率直に戒めなさい。そうすれば彼の罪を負うことはない。復讐してはならない。民の人々に恨みを抱いてはならない。自分自身を愛するように隣人を愛しなさい」と定めた。

その場で直ちに、否定的な意見が示されるか、だれかの密かな恨みによる不意打ちを食らうか、どちらかを選ぶとなれば、ほとんどの人は、その場で、厳しい批判を受けるほうを選ぶであろう。それが、人々の行動に対し、すばやく反応を示すことが極めて大切な理由である。

☆叱り叱られることは双方に役立つ

叱るということは、あなたとあなたが叱る相手の双方に役立つ。あなたにとっては、鬱積した不満や怒り、意思疎通を欠くことから生じる敵意から、あなたを解放する。相手にとっては、問題とされる行動を知り、それを改める機会をもつ助けになる。

あなたの部下の迷惑な習慣や高いものにつく失策は、あなたには明らかなことかもしれないが、相手は気がついていないことがある。

相手を恐れさせないように、意見を示すことによって、あなたは、相手に自分の行動を改めるための道具を与えるのである。

先に引用した聖書が、「同胞を率直に戒めなさい」と言っていることに注意すべきである。聖書は、相手を厳しく叱れとか、相手の自尊心を傷つけよとか、過去の失敗を毎日思い起こさせよなどとは言っていない。

あなたが、叱るときは、怒ったり、非難をしたりすることなく、叱るようにせよ。

あなたが怒りを感じているならば、激しい感情が過ぎ去るまで待て。

あなたが心から忠告を、相手に対するサービスとして提供していると言えるようになったときに、あなたの意見を言うようにせよ。

ナサニエル・ブランデン博士がその著書「セルフ・エスティーム・アト・ワーク（職場における自尊心）」で主張しているように、「だれかが、不合格品を造ったり、誤った判断をした場合には、是正のための忠告にとどまることなく、どのような原因から失策が生じたかを説明させ、意識の水準を高め、失策が繰り返される可能性を最少にするようにしなければならない」。

☆耳の痛い批判に耳を傾けよう

経営者が誠実な反対意見を入手できないことは、多くの経営者にとって深刻な問題である。

カリフォルニア州パサデナにある「オーガニゼーショナル・エフェクティブネス・グループ」の会長ディアナ・ピーターソン・モアは、全国の企業のため経営者訓練および調停活動を行っているが、モアは、重要な地位にある経営者が、部下から、正しい情報を得ていないことを指摘し、「従業員は、常に経営者の意見に賛成するが、賛成しない場合にはその職を失うことを恐れるために賛成が得られているとは、経営者は考えない。そうして、自分たちは何事も正しいことをしていると考え始める」と述べている。

権力を持つことによる盲目化は、克服することは容易ではない。あなたが、あなたの必要とする情報を確実に得る一つの方法は、あなたと同じ階層にある管理者と協定して、その意見がどれほど苦いものであっても、お互いに真実を語り合うようにすることである。もう一つの方法は、組織の全員が、部下、上級者、同僚から成績の批判を受けるという、三六〇度業績再点検の実施である。

いま一つの比較的新しい方法に、あなたの部下にあなたを評価させるという方法がある。

シリコン・バレーの広告会社の社主ロウ・ホフマンは、自分がどのように行動しているかについて、物を言ってくれるだれかを持つことが大切であると思っていた。自分がボスであるということは、年々の再点検を受ける必要がないことを意味するものでないことを自覚していた。

一九九五年の春、ホフマンは、コンサルタントのアリソン・E．ホップキンスに依頼、従業員と秘密裡に面接し、従業員に報告書を提出させ、その報告書は従業員と共有することを約束した。ホフマン社の従業員のオーナーに対する評価は、概して高かったが、社内に対するコミュニケーション技術については評価は低かった。

「わたしに対する初めての批判・点検は、真実、愉快な経験ではなかった。しかし、あなたは事態を明らかにしてくれた」とホフマンは言った。

事実、点検は彼の会社の成功に大いに貢献した。従業員四十二名の会社は、昨年、三千六百万ドルの売上を達成したが、ホフマンは、自分に対する批判が行われなかったならば、この数字を達成することはできなかっただろうと言っている。

「わたしは、会社が抱える問題に対する早期の警戒警報を見逃すところであった」。

本年、この調査に使った七千五百ドルは、一セントも無駄にならなかったと、彼は言う。

☆お互いに高めあおう

言うまでもなく、モーセは、利益を最大化するためや、組織を能率化する手段として、叱ることを薦めたのではなかった。モーセが叱ることを薦めるのは、叱ることの基底にある、人はだれでもお互い同士責任をもっており、したがって、だれかが、間違いを犯している場合には、それを本人が改めるように助ける道徳上の義務を持っているという原理によっている。

もし、その人が改めることを欲しないならば、それは、その人の選んだことである。批判をするにせよ、受けるにせよ、愛と奉仕の精神が、対話を支配しなければならないことを記憶しておかねばならない。

もし、あなた方のどちらかが、怒りをさらに増し、復讐心を増し、いっそう恨みを持って去っていくなら、その過程のどこかがまずかったのであるから、あなたはもう一度試みる必要があるだろう。

モーセが言ったように、「同胞を…戒めなさい。…人々に恨みを抱いてはならない。自分自身を愛するように隣人を愛しなさい」。

あなた自身が批判を受ける場合に受けやすいようなやり方で、批判をすれば、あなたの同僚も、多分、その批判を受け入れることができるであろう。

13. 主の名をみだりに唱えてはならない

☆言葉が人の精神に与える力

十戒の第三の戒律「あなたの神、主の名をみだりに唱えてはならない」は、近代人にとっては、他の戒律と比較して、重要度は低いようにみえるかもしれない。殺人や姦淫は、もっと極悪非道の犯罪であり、父母を敬うことは、もっと神聖な義務である。

しかし、この戒律は、言葉が人間の精神に対してもつ特別の力に対するモーセ、また神の認識を示すものであると考えられる。第三の戒律は、この力を確認したものである。

十戒の目標は、人間を、神の水準により近づけることにある。モーセは、動物の世界の行い――殺し、みだらな性交、盗み――は人間には受け入れられないものであることを、イスラエルの人々に教えた。

わたしたちは、こうした下等な本能を超えなければならないが、それは、一回だけ意思表示をすれば達せられるというものではない。自分自身を高めることは、人間同士の小さな相互作用を通じて、ゆっくりと、日々なされるものである。

☆何気ない言葉が人を傷つける

小さな行為が大きな行為よりも大切なことがあることを示すため、牧師やラビは、長距離レースをする二人の人の話をすることが多い。

一人の走者が走る道は、玉石があって走りにくいのに対し、他の一人の走者の道は、平坦でまっすぐである。平坦な道を走る走者の靴の中には小石が入っていて、絶えず、走者を苦しめる。小石が入っている靴の走者の道は走りやすいが、競争に負ける。

この小石は、人間同士の尊敬の念を損なわさせる小さな侮辱や下品な言葉使いになぞらえられよう。下品な言葉づかいは、暴力的な打撃というものではないが、わたしたちの意気をくじけさせる、わたしたちの尊厳に対する不断の公然の侮辱である。

わたしたちが、下品な言葉を使う場合に、実際に生じていることを言い表す言葉としては冒瀆という言葉が一番近い。冒瀆とは「聖なるもの、あるいは、犯すべからざるものに対する非礼」と解釈される。わたしたちは、神の像に似せてつくられている。したがって、わたしたちが、冒瀆的な言葉によって他人をおとしめるときは、わたしたちは、神をおとしめていることになるのである。これは、きわめて大きな無礼――十戒に含めるに値する水準――である。

メディアの世界で広く使われている粗野な言葉は、ひどく有害ではないと一般に考えられているが、大変有害なのである。肯定的、尊敬の念をこめた言葉が人を高めると同じく、粗野な言葉は、人々を挫かせる。経営者、学校の先生、両親はだれでも、労働関係の専門家Ｊ・ローソンが語る次の事例が示す言葉の力を軽くみるべきではない。

☆従業員に対する尊敬と尊厳が人事の基本

その事例というのは、ヴァージニアにある約二十五人の従業員をもつ小売店のことである。この会社は五十年の歴史をもち、父と息子によって経営されていた。

「問題は、経営者と従業員の間のコミュニケーションについて従業員が大きな不満をもち、欲求不満をもようになったことによって生じた」と、ローソンは回顧する。

従業員は、白人とアフリカ系アメリカ人からなっていたが、経営者が従業員に呼びかける場合に使う冒瀆的な言葉を大変嫌った。それが、顧客の面前で使われた場合には、特に苦痛を与えるものであった。

「経営者は従業員の仕事になんらの尊敬を払わなかった。問題は、おそらくは、父親のやり方を見習っているであろう息子にあった。従業員の多くは、この会社に長く勤めていた。従業員たちは、自分たちが感じる欲求不満を六点書類にして、オーナー父親への書簡とした。六点は、すべて自分たちが日々どのように扱われているか、すなわち、ののしり、冒瀆的な言葉、尊敬と感謝の欠落に関することであった。よりよい給与を求めるとか、職場の安全に関する不満は一つとして書かれていなかった。この書簡は全従業員によって署名されていた」とローソンは語った。

従業員たちは、嘆願書を息子経営者に提出したが、息子経営者は従業員に会うことを拒否した。父親も同様であった。

「従業員たちは大変失望して、職場を放棄した」。

「従業員は、その土地の地方労働組合会館に行き、企業担当の係員に、仕事についての不満を説明した。そのときまでは、会社は組合のない会社であった」と、ローソンは語った。

すぐに、従業員たちは組合に加盟、会社は、賃金や労働条件の交渉の援助を、ローソンに依頼した。ローソンが、組合の申入書を見たとき最初に目についたのは、その第一の項目に「冒瀆的な言葉使いは認められない」と書かれていることであった。

「わたしは、組合の委員に、その項目が含まれている理由について訊ねたところ、『今日、あなたとテーブルを隔てて座っている主な理由の一つがそこにあります』と彼は答えた。

この団体交渉は六か月以上も続いた。その基底には、金銭上の問題ではない、より基本的な問題—尊厳と尊敬があった」とローソンは語った。

結局、従業員が勝利をおさめた。

尊敬の念をこめて語ることがもつ価値、わたしたちがそうしない場合に生じる副産物のことは、両親のだれもが知っているところである。子供たちの口から飛び出す粗野な言葉を聞くほど、がっかりさせられることは少ない。わたしたちは子供たちに高い水準の行動を要求しているか、であれば、わたしたちは自分自身に対しても同様にそれを要求すべきである。わたしたちの同僚、従業員、競争相手が聞いている。

14. 人々との結びつきを示せ

☆モーセが人々の信頼を得た一つの方法

イスラエルの子らを結集させようというモーセの最初の試みは大成功というものではなかった。主は、モーセに促された。

「イスラエルの人々に言いなさい。わたしは主である。わたしはエジプトの重労働の下からあなたたちを導き出し、奴隷の身分から救い出す」。モーセは、そのとおりイスラエルの人々に語ったが、彼らは厳しい労働のため意欲を失って、モーセの言うことを聞こうとしなかった。「主はモーセに仰せになった。『エジプトの王ファラオのもとに行って、イスラエルの人々を国から去らせるように説得しなさい』。モーセは主に訴えた。『ご覧のとおり、イスラエルの人々でさえわたしに聞こうとしないのに、どうしてファラオが…が聞くでしょうか』」。

この記述の後、聖書の記述は急旋回をする。聖書は、神はモーセに答えることなく、「彼らの家系の長は次のとおりである」と記し、続く十四の句は、モーセとアロンの家系を、ヤコブの時代にまでさかのぼってたどり、「そして、イスラエルの人々をエジプトから導き出すようエジプトの王ファラオの説得に当たったのも、このモーセとアロンである」と結んでいる。

聖書の読者は、ファラオの説得に当たったのは、モーセとアロンであることは既に知っている。だのに、なぜそれを繰り返す、それもここで繰り返すのであろうか。

一つの説明は、聖書は多くの書き手たちによって書かれたから、いろいろな資料が重複しているとするものである。そうかもしれないが、この場合、ここでモーセの系図を振り返ることは、一つの目的をもってなされたと考えられる。

ここに先立つ句では、モーセは、イスラエルの子らに第一回目の公式発表をしたが、その意図は完全に崩れたことが記されている。

人々は公式発表を、無視したのであった。モーセは、信頼の危機に直面し、神の下に引き返し、「お助けください。だれもわたしの言うことを真剣に考えてくれません」という意味のことを言った。神はただ、その命令を繰り返し、系図を振り返えられたのであった。

系図は、モーセとイスラエルの人々との結びつきの意識を強める。人々の観点から、この場の光景を想像してみよう。

ファラオの宮殿で育てられたという見知らぬ人がやってきて、「やあ、こんにちは。わたしはあなた方の仲間です。わたしは、あなた方を救出するためにやってきました」と言ったとすると、人々が疑いをもったとしても、不思議ではない。

人々がエジプトに入ったときにさかのぼって、モーセとヘブライ人との結びつきを振り返ることによって、モーセが本当に、人々の部族の一員であることを、聖書の書き手は、再確認したのである。

☆従業員との結びつきをどう示すか

あなたが新しく経営者に就任した場合、平社員たちは、イスラエルの子らがモーセにしたように、懐疑的態度、場合によっては敵意をもってあなたを迎えるであろう。「あなたはだれ？」、「あなたの出身はどこ？」、「わたしたちの暮らしを楽にすることができるとあなたが考えるわけは？」と従業員たちは問うかもしれない。

新しいボスになったあなたは、自分たちの立場に立ったことはないことを従業員は知っている、あるいは少なくとも、知っていると思っている。

従業員との結びつきは、モーセがしたように、いろいろの方法によって証明することができる。

第一には、新しく就いた役職にふさわしい資格をすべてあなたが持っていることを従業員が知るようにしなければならない。この場合、従業員が非公式に口伝えであなたのことを聞いているであろうと考えないで、自分自身で説明するのがよい。

第二は、あなたが、たとえ従業員と比べてはるかに高い地位に昇進したとしても、その出身は従業員と同じ仲間であることを、従業員が知るようにしなければならない。

リー・アイアコッカ［一九七〇年フォードの社長になったが解任され、クライスラーの社長になり、倒産に瀕していた同社を立て直した――訳注」は、よく、自分が労働者階級の出身であることを従業員に語ったものであった。

モーセが、自分がユダヤの人たちと長い結びつきのあることをイスラエルの子らに説明したのは、その出身が人々と同じであることを証明するためであった。

最後に、あなたは成果をあげなければならない。モーセは奇跡を生むことができるという利点を持っていた。

あなたは、紅海を開くのに使うことのできる魔法の杖を持っていないかもしれないが、自分の手を汚すことを恐れないということ、仕事をこなすことができることを実証することによって、従業員の信頼を勝ち取ることができよう。

☆自分の大切にしているものを従業員のために犠牲にする

従業員との間にきずなを築く有力な方法の一つはおそらく、あなたが大切にしているなにかを従業員のために、自ら進んで犠牲にするということであろう。

ハバード放送会社の副会長のジェリー・ダンチガーは、テレビジョン事業での駆け出しであった頃、ある担当部長が部下のトップセールスマン何人かを集め、「今日、決めた販売目標を達成したなら、皆んなにキャデラックを一台買おう」といった思い出を話したことがあった。

「一九五〇年当時、キャデラックはだれものあこがれの的であった。わたしたちは、目標を達成することができた。部長がわたしたちのところにやってきて、『多くの従業員の努力によって、会社は目標を達成し、我々は大きな利益をあげることができた。この利益を皆で分けるというのはどうだろうか』と提案した。

部長は、約束のキャデラックを買ったうえ、利益をあげるのに協力した全員に利益の一部を分配した。部長は、このようにして従業員の忠誠心を大きく高めたのであった。それというのは、この利益は会社のもの、あるいは部長自身のもの、さらにはトップ・マネジメントのものとしてとっておくことができることが、従業員には分かっているのに、そうしないで、その一部を全員に分配したからであった」

こうした話は、一九九〇年代の現在、ブームに湧くインターネット関連の企業で、繰り返されている。ここでは、各階層の従業員に、急上昇を続ける自社の株式によって賞与が支給される。自己犠牲は、ジェリー・ダンチガーの部長がしたように物質的な利益を共にするといった方法ばかりでなく、たとえば、休日に棚卸をする従業員を助けるといった、仕事を共にするといった方法によってもすることができる。

古代中国の哲学者老子は、リーダーにとっての、自己犠牲の大切さを次のように述べている。「我に三寶あり。持して之を保つ。一に曰く、慈。二に曰く、倹。三に曰く、敢えて天下の先と為らず。慈なり。故に能く勇なり。倹なり。故に能く広し。敢えて天下の先と為らず。故に能く器長を為す」〔第67章、訳は諸橋轍次による――訳注〕。

☆従業員との結びつきを示すことが成果の前提

モーセが持っていた資格は、立派な家系、エジプトの最高の学校における教育、ファラオとの面識、宮廷に関する知識というようにすばらしいものであった。モーセの血統には、レビ族の子孫であること、ヘブライの奴隷の子であることも含まれる。

モーセの大目標の下に結集するためには、人々はモーセの誕生からの経歴を、後になってからではなく、先に知っておく必要があった。勿論、最終的には、モーセは、成果をあげる必要があった。

モーセは、人々の信頼と忠誠心に値することを、その行動によって、証明しなければならなかったのは勿論のことである。

あなたもまた、あなたがあげた成果によって判断されであろう。

しかし、あなたがリードしたいと望む人々との結びつきを、先ず、確立することによって、あなたの成功は、より容易になるだろう。

15. 誤解が生むいたずらに気をつけよ

☆聖書にも誤訳があった

わたしたちはときどき、発信者の意図したところから少し外れた「情報」に接することがある。聖書の註解者たちは、このことを、気楽に「誤った伝達のもたらすいたずら」と呼んでいるが、誤解は残念なことに重大な結果をもつかもしれないのである。モーセが、二度目のおきての板をもって、シナイ山を下ったところを描く聖書の一節をとってみよう。

「モーセがシナイ山を下ったとき、その手には二枚の掟の板があった。モーセは、山から下ったとき、自分が神と語っている間に、自分の顔の肌が光を放っているのを知らなかった。アロンとイスラエルの人々がすべてモーセを見ると、なんと、彼の顔の肌は光を放っていた。彼らは恐れて近づけなかった」。

モーセが人々に近づいたとき、その顔の肌は光を放っていた。この光はヘブライ語ではkerenである。聖書がラテン語に翻訳されたとき、この言葉は誤って角と訳された。ヘブライ語では、

kerenは、その文脈によって、光または角を意味する。ラテン訳の聖書を読んだ人は、モーセは角を生やしたと思った。有名なミケランジェロのモーセの彫像でさえ、モーセを角を生やしたように描かれている。

幾世紀の間に、このことから、モーセの子孫であるユダヤ人もまた、角を持つというばかげた説が生まれた。

☆言葉はいつも誤解される恐れをもっている

経営者あるいはCEOとして、あなたの発する言葉が、それを聞く多くの人々によって、根掘り葉掘り詮索されるであろうという事実は避けることはできない。

現在では、いつにも増して、従業員の中には、さまざまな教育的、文化的背景をもつ人々がいる。そうした人々にとっては英語は第二の言語である。こうした従業員や同僚と語り合う場合、言葉の使い方は、職場における従業員との間の関係に大変大きな影響をもつ。

たとえば、食事の席において、自分たちの言葉に、今までしてきた以上に気をつけなければならないことを、憤慨する人があるが、事態は、政治的公正〔従来の欧米の伝統的価値や文化が西欧・白人・男性優位であったことの反省に立ち、女性やアジア系・アフリカ系・ラテンアメリカ系などの住民、アメリカンインディアン、同性愛者など社会的少数派の文化・権利・感情などを公正に尊重し、彼らを傷つける言動を排除すること――訳注〕の問題よりも、社会的な現実に関係しているのである。

もし、言葉の使い方に、十分に敏感でないならば、あなたは、無意識のうちに人々の感情を傷つけることになり、その結果は、その「犯罪」と比べものにならないほど大きいのである。

一九九九年の一月、ワシントンD・C・の最高補佐官の一人デーヴィッド・ハワードと市長アンソニー・A・ウイリアムスは、黒人二人、白人一人の職員と、緊急事態基金について討議していた。ハワードは「この基金は、予算が多くなさそうだから、niggardlyに使用しなければならない」と言ったところ、職員の一人が、けちけちを意味するniggardlyという言葉を人種的な蔑称と誤解した。その職員から、この事件のことを聞いた人々の多くもこの言葉を誤解したらしい。

この出来事はすぐに大きな騒ぎに発展し、ハワードは辞表を提出し、ウイリアムスはこれを受理したところ、ウイリアムスは、無知と政治的公正に屈服したと猛烈な非難を受けた。最終的には、彼は、ハワードに職員に復帰するよう頼み、ハワードは、異なる業務であったが、後に復帰した。

ハワードは、この事件は、それまでは自分に欠けていた「ある認識」を与えたと認めた。デーヴィッド・ハワードがniggardlyという言葉を使ったことに対する極端な反応は、もっとも自信のある経営者でも被害妄想にさせるかもしれないが、わたしは、それが言いたいのではない。

わたしが、この事件を取り上げたのは、わたしたちに対して持つ言葉の巨大な力と、リーダーが細心の注意をもって、自分の言葉を選ばなければならないことの重要性を指摘するためにすぎない。

この事件は、神がなぜ、イスラエルの人々を導くのに「口が重い、舌の重い」モーセを選ばれたかを説明することになると考える聖書の注解者もあるだろう。

モーセは、話すことが困難であったため、話す前に注意深く考えなければならなかった。神の命令はほとんどアロンが伝えたが、モーセ自身が語るときは、きわめて慎重であった。したがって、誤りは少なく、また、誤解される危険も少なかった。

☆話を正しく聞くことの大切さ

経営者は、どのように話すかだけでなく、どのように聞くかについても、気をつけなければならない。

話というものはすべて二面をもっており、また、文脈をもっている。リーダーとしてあなたは、論争を仲裁したり、非行から生じた罪の責任分担を決めることを要求されることが多いであろう。そのような場合には、わたしの同僚の間でうけている次の話を思い出して欲しい。

その話というのは、こうである。

ある日、二人の教会員が、争いの解決の援助を求めて、ラビの家にやってきた。話し合いの間、ラビの妻が、扉のところで立ち聞きをしていた。一人の男が、自分の言い分をラビに話し、ラビは慎重にその言い分を聞いた。その人の長広舌がすんだところで、ラビは、「あなたのおっしゃるとおりですね」と言った。ついで、ラビは、相手の男の話を聞き、話が終わったところで、「あなたのおっしゃるとおりですね」と言った。二人が辞去したすぐ、ラビの妻は扉を開け、「あなたは気が違ってるのじゃない！　二人ともに正しいと言うなんて。両方ともが正しいと言うことはありませんわ」とラビに立ち向かった。ラビは妻をみつめ、「あなたの言うとおりだ」と言った。

多くの場合、当事者は双方とも、正当と認められる点をもっており、判定を下すのがあなたである。あなたは、結論を急がず、当事者全員の言い分を注意深く聞き、話の筋を掴み、また、前後関係と照らし合わせて理解するようにしなければならない。

この点に関し、わたしはここ数年、第三者の援助を求めるようになった。自分が受けている情報が、余りに込み入っていたり、思いがけないものであった場合には、信頼できる一、二の友人の意見を求める。人はだれでも、情報を誤解させる恐れのあるいくつかの偏見をもつことは避けられない。

したがって、わたしたちにできる最大のことは、わたしたち自身の弱点を知り、その弱点を補うために、他人の意見を求めることである。

☆調査報告を読み間違ったコカ・コーラ

注意深く聞かない場合、事態は大変なことになることがある。

一九八五年の四月、コカ・コーラは、従来の製品規格を変更して、少し甘めで元の「ピリッとした風味」を欠く新しい規格を採用することを決めた。

その年の七月までに、不満をもつ消費者の騒ぎの中、会社は元のコークをコーク・クラシックスとして再導入した。

十月までには、コーク・クラシックスは、新コーク一に対して六の割合で売れていた。新コークは無益な計画であった。

コカ・コーラは、コーラの秘密の調合法を弄くることを決定する前に、四百万ドルをかけて市場調査と味覚調査を行った。会社は、明らかにこれらの調査の結果を読み間違ったのであった。会社の経営者たちは、アメリカ人が元の調合を好む強さを過小評価していたことを認めた。それが、懐古趣味であろうとも、あるいは単なる味覚の問題であったにせよ、人々は昔のコークを好んだのであり、会社のメッセージの入手は遅きに失したのである。

千万ドルの広告費さえも、新コークの運命を変えることはできなかった。コカ・コーラ・クラシックスは生き残り、新コーラは思い出になってしまった。

誤解のいたずらは、あなたをどこに連れていくか分からない。

あなた自身の言葉に注意し、また、他人の言葉を注意深く聞く習慣をもとう。あなたは、いたずらを最少にとどめる機会を増やすことができよう。

第二部　荒れ野の中を率いる

モーセは、荒れ野で人々と共に暮らした四十年間、きわめて大きな難題に直面した。まず、兵站、すなわち、食料、飲料水、住家がいつも不足するというもっとも苛酷な地帯で、心構えのないイスラエルの人々の生存を図らなければならないという問題があった。第二には、人々を動機づけるうえでの困難があった。すなわち、元奴隷たちは、恐れ怯え、また自分自身の面倒を自分でみることができず、危機に直面するたびにリーダーに寄りかかった。

一団の力量と限界に注意怠りなく、モーセは絶えず、人々を動機づけ、鼓舞する方法を探し求めた。

障害に出会ったときは、神と相談をし、深く一呼吸をして、再び出発した。危機はそのつど、新しい方法を試し、人間相互の間の問題を扱うためより事情に適合する法律を制定する機会となり、また、神の栄光を称え、神が定めた道に従うように集団を鼓舞した。

モーセは、才能のある若者を探し、それを育て、必要のある場合には、集団を危険にさらせたものを排除した。

モーセは、イスラエルの人々に失望することが多かったが、決してあきらめることはなかった。

モーセは、自分が率いる人々に、いかにして、神の法の下に、自由にまた、自ら統治する人として生きるかを教える決意をもっていた。

第二部は、忍耐、創造的な問題解決、落ちこぼれのまとまりのないグループの強力な熱情的なチームへの変革などに関し、モーセが提供する重要な教訓を内容とする。

16. あなたの領域を熟知せよ

☆人々の信頼は成果をあげることによって得られる

聖書にときたま目を通すだけの読者でもすぐに気がつくことは、イスラエルの子らが大変な不平家であったことである。彼らの不平は、出エジプト記から申命記に至るまでに十分に記録されている。

しかし所詮、彼らは元奴隷であり、現代の読者には想像もできないような生活に耐えなければならなかったのである。

出エジプトの冒頭に聖書は、「エジプト人はますますイスラエルの人々を嫌悪し、イスラエルの人々を酷使し、粘土こね、れんが焼き、あらゆる農作業などの重労働によって彼らの生活を脅かした。彼らが従事した労働はいずれも過酷を極めた」と記している。

この短い言葉は、歴史的に奴隷の運命とされてきた恐怖を言い尽くしてはいない。聖書の註解家のジョナサン・キルシュが指摘するように、「重労働は」はある種の国民全体の抹殺であった。

―エジプト人は、イスラエル人の人口を抑えるために、死ぬほど働かすことを計画したのであった。

キルシュは、その生活をナチスの強制収容所の囚人になぞらえている。そうした奴隷の身分が何世代も続いたため、ヘブライ人は多くの点において精神的にも肉体的にも弱り果てた人々であった。エジプトを出発してすぐ、人々が崩壊し始めたことになんの不思議もない。

このような壊れやすい集団を率いるモーセは、人々から広く確固とした信頼を得なければならなかった。勿論人々は、約束の地に到達するであろう。荒れ野がどれほど不毛であっても、人々は生き残るであろう。人々は、奴隷から自由人へと自己変革を成し遂げるであろう。神が、そう命じられたからである。

☆モーセが示した奇跡

この信頼は、危機が噴き出すたびに、モーセが、その解決法を見つけことができたことによって得られた。

のどが渇き、疲れきったイスラエルの人々が、苦くて飲むことのできない水の泉に着いたとき、モーセは、一本の木を水に投げ入れ、「水を甘く」した。

ついで、モーセは、人々をエリムに導いた。「そこには十二の泉があり、七十本のなつめやしが茂っていた」。人々がひもじいと不平を言うと、「あなたたちは夕暮れには肉を食べ、朝にはパンを食べて満腹する」と言った。夕方になると、空いっぱいにうずらが低空を飛んできて、翌朝にはマナが地を覆った。

☆成果をあげるには領域を知っている必要がある

モーセは、なぜこのように問題処理の能力に富んでいたのであろうか？

モーセはその地域を知り尽くしていた。モーセが遊牧の羊飼いをしている間、彼は、荒れ野の様子を学んだ。砂漠の民は、塩気のある水にある種のハーブを加えることによって、飲料に適するようにすることを知っていた。彼はまたマナについても知っていた。

―現在でも、シナイ半島の遊牧民、ベドウィンは、砂漠の潅木の樹液を吸いそれを排出する昆虫によってつくられる物質と同じものとみられるものを食べている。聖書に描かれたマナと同様、この物質は、夜には固化し、明け方に融解する。ベドウィンはこの食べ物をマナと呼んでいる。

シナイ地方は、イスラエルの人々にとっては、身の毛のよだつような茫漠とした荒れ野であったかもしれない。しかしそこで、長く羊飼いとして暮らしたモーセにとっては、侮りがたいものではあったが、自信を失わせるほどに怖いものではなかった。

彼は、偶然に新鮮な泉に出くわしたのではなかった。彼は、そのあり場所を知っていた。彼が、マナを見つけたり、苦い水を甘い水に変えたとき、

モーセはそれを神のおかげとした。それが、神の御手によるものにせよ、モーセの実際的知識によるものにせよ、結果は同じことである。

モーセが、その地域を熟知していたことが、人々に自信を与えたのである。―人々は苦しむこ

とはあっても、最後には勝つことが、摂理によって定められているように思われたのである。モーセは生き延びる技術を人々に伝え、人々は自分たち自身を変革したのであった。

今日、突然の変化に対し免疫力をもつ事業はほとんどない。リストラの深淵に投げ込まれた従業員は、「我々を連れ出したのは…荒れ野で死なせるためですか」と言ったヘブライの奴隷のように反応することが多いであろう。

彼らは傷つきやすく、怯え、リーダーが進むべき道と自信を示すことを期待しているのである。それを与えるためには、あなたは、あなたが進もうとする旅路の地形を知らねばならない。

スターウッズ・ホテル・リゾートの会長兼CEOのベリー・スターンリヒトが、シェラトンとウエスティン・ホテル・チェーンという文化の異なる二つのホテル・チェーンを合併させようとしたことに関連して、わたしに語ったよう「船の舵をとる前に、その船のことを理解しなければならない」のである。

☆英国自然史博物館の近代化

もし、あなたが、以前、その地域を歩いたことがないならば、失われた時を取り戻すにはいくつかの方法がある。

英国自然史博物館の内部コミュニケーションを建て直す仕事を担当した際、広報活動の担当責任者として、ジェーン・べヴァンがしたのがそれであった。この博物館は、一七〇〇年代に設立され、ロンドン中心部に十四エーカーの敷地をもち、七百五十六人の職員を抱えるまで大きくなった。それぞれの部門は、その専門と職階によって、厳格に区画されており、部門間さらには同一部門内の職員相互のコミュニケーションさえ、行わないようにされていた。

「ピープル・マネジメント」の一九九七年五月号に掲載されたベヴァンとの会見記事によれば、「従業員の間に、知識人気取り、階層を鼻にかける俗物根性がはびこっていた」とベヴァンは回想している。植物部門の主任館員のロブ・ハクスリー博士は、この言葉に同意して、「伝統的に、新参の職員は、就業時間中は、植物標本室に入ることが禁じられていた。羊歯の新参研究委員が地衣類のところにいるのを見つかったら、ひどい目に合わされていたものであった」と述べている。

この時代遅れの構造は、博物館に大変悪い影響を与えていることが、一九九〇年以前に判明していた。他の世界では、ウェブ・サイトが開かれ広範なデータベースが構築されているのに、この博物館とその膨大な資料は十九世紀の中に取り残されていた。博物館の経営者は、博物館のもつ力を統合するため、組織を根本的に再編成することを決めた。

「従業員の削減は早期退職によって実行された」、しかし、「孤立した半自治的な階層秩序的部門の根は深く埋め込まれたままで、多くの従業員たちは、騙されたような感じをもち、また不安を感じていた」と同誌は伝えている。

ジェーン・ベヴァンの仕事は、このように隔離させられ、懐疑的になっている従業員に、どのようにすれば、お互い同士が、率直にコミュニケーションすることができるかを教えることであった。

しかし、彼女はこの博物館には新参であり、内部の事情が分からない。組織の各段階の従業員の態度はどうか？　どこに地雷が埋められているか？　オアシスはどこにあるか？　こうしたことを知るために、ベヴァンは、博物館の全体にわたって、従業員の態度調査を実施した。その結果は、彼女が向かおうとする土地の地図となるべきものであった。

この調査によって、ベヴァンは、土地の地形を知ることができた。彼女は、どの計画担当者が支持してくれるか、どの計画担当責任者が手強いかを知ることができた。彼女はまた、従業員が大切と考えているものはなにか、疑念をもって見るのはなにかを知ることができた。経営者と職員の間の争点の要点が、浮き彫りにされた。

この調査に基づいて、ベヴァンは、内部情報組織を改造する計画を設計した。博物館のニュースレター、訓練計画、提案制度、情報交換場所が創始あるいはつくり変えられた。館内ネットワーク・コンピュータ・システムが設けられた。進歩を示す大きな里程標になった制度の一つは、初めて、全館員の氏名、研究計画、特殊技能を記した内部用博物館人事案内が作成、刊行されたことであった。

地形を知ることによってのみ、ベヴァンは、孤立した、深く傷ついた集団を、一九八〇年代にふさわしい、情報―交換文化へと導くことに成功したのである。この場合の地形とは、お互同士および経営者で、さらには情報を共有するという考え方そのものを信用しない職員自身の態度であった。

もし、彼女が、なんの準備もなく、一箱のイントラネットのソフトウエアを持って、職員の前に突然、姿を現したならば、ベヴァンの努力は、大失敗に終わったことであろう。

　地形を知ることは、あなたに、賢明な決定をする力を与え、自信を持ってリードし、他の人々をエンパワー［凡例参照］する。モーセは、人々に、砂漠で生きるために必要とする技能を教えた。

　ベヴァンは、自然史博物館の職員に、コミュニケーションは、人を自由にするもので、人を脅かすものでないことを教えた。

　あなたが、領域を知るならば、あなたもまた、あなたの従業員に、どうすれば、自分自身を勝者に変革できるかを教えることができる。

17. 回り道をするのがよい場合のあることを知れ

☆モーセはなぜ四十年間も彷徨ったか

モーセが砂漠を彷徨い暮らした年月について、誤解している人が大変多いが、モーセは、ある意図をもってその道を選んだのであり、道を見失ったといった意見は問題にならないのである。

出発の当初から、神は、イスラエルの人々は、攻勢的な旅程をとる準備はできていないとみておられた。「神は彼らをペリシテ街道には導かれなかった。それは近道であったが、民が戦わねばならぬことを知って後悔し、エジプトに帰ろうとするかもしれない、と思われたからである。神は民を、葦の海に通じる荒れ野の道に迂回させられた」のであった。

エジプトからカナンへの距離は大きなものではない、わたし自身、数時間で車を走らせたことがある。しかし、イスラエルの人々が、カナンを征服することができるまでに旅をしなければならない心理的距離は、ずっと大きかった。

モーセが元の奴隷をシナイ山に連れてくるまでに、イスラエルの人々は、カナンの住民に戦いを挑むどころか、十戒を受ける準備さえできていないことが、すでに明らかになった。それまでの人々の行動から、エジプトを出発した集団が、カナンに侵攻するだけの力量を持つことは絶対あり得ないことが分ったのであった。

モーセは、イスラエルの人々が成長するのに要する道をとらせたのであった。強靭な新しい世代を育てるには四十年の年月、また人々が自分たちの約束された土地を勝ち取る能力を持っていることを、自ら知るためには四十年を必要としたのである。

仕事をする場合、ときによっては、うまくできることを他人に証明することのほうが、急いでやるより、より大切なことがある。外部にあるものにとっては、それは、歯がゆく、遠回りのように見えるかもしれない。しかし、外部者は、あなたの部下を知らない。あなただけが、部下の能力と弱点を知っている。

もし、モーセが、イスラエルの人々を、彼らが当時あった状況、つまり、組織されない、やる気のない集団のまま、約束の地に導いたのであったならば、彼らは、悲惨な失敗をしたであっただろう。

☆なぜスペースシャトル・チャレンジャーは失敗したか

一九八六年一月二十八日、スペースシャトル・チャレンジャーが発射直後に爆発した後、発射に先立つ事情の裏話がいろいろなところで報道された。

その宇宙船には、「宇宙計画における先生」の最初の宇宙飛行士として盛んに宣伝されていたクリスタ・マカリフが乗っていた。発射の夜、発表されることになっていた一般教書で、大統領ロナルド・リーガンは、マカリフとその宇宙計画に対して、三節からなる言葉をささげる予定になっていた。

宇宙船を発射させようとする政治的圧力は、NASAをして、宇宙船のO・リングについて懸念をもつ科学者の警告を無視させた。発射させたいという余りに大きな圧力に対し、それを正しく行うとする意思は十分ではなかった。

天候が最適状態になり、O・リングの修理が完成するまで待つという回り道をしていれば、あの悲劇は避けられたであろう。

☆過程を楽しむ

パラマウント映画会社グループの会長シェリー・ランシングにインタビューしたとき、彼女の経歴がその場その場における思わぬ発見の喜びに満ちていることを知って驚いたことがある。

主要映画スタジオの初の女性の長であるランシングは、映画事業における女性の守護神の到来を告げるものとして広く知られた。「わたしは映画界に入りたいと思っていました」と彼女はわたしに語った。

しかし、一九七〇年代、彼女が、映画界を志した頃は、映画産業は男性社会であった。教師をしていたランシングは俳優をやってみようと決めた。

「なぜなら、女性が映画界でできることはそれだけであることを知っていましたから。けれども、わたしはそれがあまり好きではありませんでした。—わたしは、俳優という仕事は大変座り心地の悪いような気がしました。どうすれば、自分が、自分以外の人になれるのか分からなかったからなのです」。

　彼女は、俳優たちに、その仕事について問い始めた。「わたしは、人生の全体計画をもったことはありません」と陽気に彼女は言い、次のように続けた。

「わたしは、映画をつくりたいといったことや、いつの日からこの撮影所の長になろうなどと思ったことはありません」。

　それよりも、ランシングは、自分の興味の赴くところに従った。彼女は、俳優をやめ、脚本を読み始めた。それ以後「昇進の各段階で与えられる仕事が、それ自体、刺激的であった。それぞれの仕事は天国のようであり、次の目標をもつことは本当になかった。創造活動部の副長に昇進したとき、それは、資料を読み、作家と共に仕事を始めることを意味した。その後、制作の副長になったが、それは制作を始めることを意味した。ついでわたしは、制作部の長、それから二十世紀フォックスの長になった」。

　競争の激しい産業のトップを目指して、駆り立てられている女性実業家とは、はるか異なり、ランシングはいつも、そのときそのときに集中した。

「わたしは、よく言うのですが『ちょっとやってみることが、尊敬に値するのです。一冊の本を書いてみようとすることはすごいことです。積極的に乗り出すことはすごいことです。過程を楽しんで、成功者になることなどにくくよくよしないことです』」。

☆紆余曲折は決して無駄にはならない

現実の社会において、事業は決して一直線に進むものではなく、季節が循環するように、盛衰・浮沈があるものである。どのような事業活動であっても、最初に決めた道を変更することを余儀なくさせるさまざまな影響を受ける。

市場の変動、政治情勢、海外の経済情勢、それから、天候さえも、待ちの姿勢や再編成することが、正面攻撃を挑むよりも、結局は、あなたを目的地により早く到達させるということになるかもしれない。

企業家のスキップ・レーンは、紆余曲折、再度出発点に立ち戻り、最後に目的の地に到達するという道程をたどった。学校を終わるとすぐ、ロンドンに本店のある電気通信の会社、ケーブル＆ワイヤレス社（ＰＬＣ）に就職した。ウォール・ストリート・ジャーナル（一九九八年六月二十二日）のインタビューで、レーンは次にように語っている。

「会社はさまざまの変化をし、また成長を遂げたが―わたしは二十六歳であった―、わたしも同じことをしてみようと決心し、同年に結婚し、長距離の小売通信事業を始めようと決心した。しかし、すぐに、わたしは、三倍の資金、三倍の専門知識、三倍の経験、十二倍の幸運を必要としていることを知った」。

一年半の後、レーンは、自分の会社を、自分が必要としている経験、資金、顧客をもっている大企業と合併させた。しかし、その合併のときに、合併会社自体がＩＴＴと合併しようとしていることを知った。「わたしは、ＩＴＴで働きたくなかった」。

レーンは、「事業の世界の教育と経験を積むため」ケーブル＆ワイヤレスに戻った。そこで七年間に、レーンは販売や開発のコツを学んだ。

レーンは、非常によい給料を稼いでいたが、ふたたび、自分の会社を設立するため、ケーブル＆ワイヤレスを退社、一九九二年年六月に、ネットワーク・ワンを設立した。

もはや、熱心ではあるが、経験に欠ける二十歳そこそこの青年ではなく、いまや、レーンは事業を成功させる識見を身につけていた。会社は、今では六十人以上の人を雇っている。

この社会では、自分の能力に対する自信、はったり精神が評価されるが、シェリー・ランシングやスキップ・レーンのような人は、より早いことが、必ずしも、より賢明なことではないことを示している。

もし、あなたの「彷徨」があなたをより強くし、より賢明にし、また、将来に向けてよりよく備えさせるものであるならば、あなたは、正しい道を歩んでいるのである。

18. 才能のある部下には才能を発揮する機会を与えよ

☆神は細部に宿り給う

「神は細部に宿り給う」とは、建築家のルードビィッヒ・ミース・ファン・デア・ローへが好んで言った言葉であるが、この言葉は、もと旧約聖書に提起されたある情緒気分をわかりやすく言い変えたものである。

モーセが知ったように、神はまた、細部にのめり込んでおられた。神が、幕屋建設に当たって与えられた仕様は、祭壇の用具から、アロンの祭服に至るまで、「その上着の真ん中に頭を通す穴をあけ」というところまで詳細をきわめていた。

モーセは、幕屋、掟の箱、祭壇、祭服、容器をつくる請負人として仕えた。モーセは、もっとも厳しい顧客の要求する基準に従って、仕事を完全に仕上げることのできる職人を探さなければならなかったが、幸いなことに、モーセにはほとんどの経営者が持っていない一つの利点があった。

神自身が、だれを雇うべきかを指示されていた。

「見よ、わたしはユダ族のフルの孫、ウリの子べツァルエルを名指しで呼び、彼に神の霊を満たし、どのような工芸にも知恵と英知と知識をもたせ、金、銀、青銅による細工に意匠をこらし、宝石をはめ込み、木に彫刻するなど、すべての工芸をさせる」。

神はまた、べツァルエルに助手オホリアブをお付けになり、計画を完成させるための熟練した職人のチームをつくられた。

聖書には、そこに、どのように正確に掟の箱の部材を造るべきかについて、広範な―面倒でさえある―記述があるが、モーセが、作業報告を要求したとか、仕事が計画どおりに進んでいるかを見るために、作業現場をうろうろしたとかといった記述はみられない。べツァルエルに自分の指示を繰り返すことさえしていない。

モーセは、仕事をするのに適した人が仕事をしていることを知っており、干渉することなくその人に仕事をやらせたのであった。

☆リーダーシップとは権限を委譲すること

賢明な経営者は、べツァルエルのような才能のある人は、創造的に仕事をする余地を持たせ、自分の行動をいちいち理由づけることを求めないほうが、いい仕事をすることを知っている。

ウオーレン・べニスとバート・ナナスが追放した神話の一つは、「リーダーは、管理し、指令し、駆り立て、操らなければならない。これは、おそらく、あらゆる神話のうち、もっとも害になるものである」であった。

リーダーシップとは、権限それ自身を行使することではなく、権限を委譲することであるとベニスは繰り返し述べている。

ナサニエル・ブランデンは、著書「職場における自尊心」で、ベニスの主張を繰り返し「従業員の眼を目標に向けさせ、邪魔をするな」と述べ、また、「必要が生じたときには、従業員はあなたの手をかりることができることを知らせておくがいい。しかし、要求されないのに、顔を出すこと、必要もなくお節介をやかないようにせよ。あなたの仕事は、鼓舞し、助言し、手助けをすることであることを覚えておけ。…あなたの成功は、従業員の創造的自己主張によって測られることを覚えておくがよい」と述べている。

☆自由裁量権が創造の源泉

実務経験に富む経営者でも、この基本原則を忘れ、マイクロ・マネジメント〔凡例参照〕しようとして従業員のやる気を失わせる。

業界でもっとも目覚しい革新家の一人とみられている人が、発足間もないテレビジョン・ネットワーク社の社長をしていたときに、マイクロ・マネジメントの落とし穴にはまったことを、ある娯楽産業会社の弁護士から聞いたことがあった。

その弁護士の顧客である会社は、ネットワークでの初めての番組の準備をしていたが、CEOが、セットのつくりを承認しないいため、準備が遅延していた。他のネットワークに敢えて競争を挑もうとする人に対する社会の目は集中していたため、圧力は大きかった。

とうとう弁護士がスタジオの構内食堂で、昼食を共にすることにした。食事中、弁護士は、かばんをとって、カーペットとカーテンの見本切れを取り出し、「お聞きください。あなたにお尋ねしたいことがあります。妻は、居間を改装しようとしているのですが、このカーペットは、このカーテンに合うかどうか、あなたのご意見がお聞きしたいのですが」とCEOに尋ねた。

「あなたは、マイクロ・マネジメントするわたしを非難しているのですね」とCEOは答え、事の決着がついた。状況の中にわずかのユーモアを投げ込むことによって、弁護士は、ショウの準備を進める間だけ、CEOは一歩下がっているべきことを納得させることができた。

非生産的であることを知っていながら、マイクロ・マネジメントの誘惑の餌食になる経営者が多い。

信頼とこの衝動とは関連するところが大きい。従業員があなたのコミットメント、ビジョンを共有していると信頼するならば、あなたは従業員が才能を発揮するに必要な自由裁量の余地を与える可能性は大きくなるだろう。

モーセは、神が推薦した故にベツァルエルを信頼することができたが、現代のマネージャー[凡例参照]は、全能者の同意の証印をもらう贅沢はもたない。

しかし、だれかが発見したように信頼の方程式は逆方向に作用するものであり、それによれば、あなたが、従業員に自由に行動する余地をより多く与えれば、それだけ従業員は、あなたのビジョンを共有し、それを進める可能性が高まるのである

☆3M社におけるポスト・イットの発明

もっともしばしば繰り返される成功談の一つに、3M社の科学者アート・フライによる接着メモの発明である。フライは、接着メモに使用する接着剤を発明したのでもなければ、紙を発明したのでもない。ただ両者を組み合わせることをしただけである。

接着メモについての発想は、一九七〇年代、フライが、教会の聖歌隊で、歌っていたとき、讃美歌集から選んだ個所にしるしをするために、紙片を使った頃にさかのぼる。困ったことには、紙片はずり落ちることが多く、選んだ個所が分からなくなる。「わたしは、くっついてはいるが、讃美歌集を痛めないで、簡単に外せるしおりを必要としていた」とフライは回顧する。

アート・フライが、自分の希望に合致するしおりをつくることを考えていた頃、フライの同僚、スペンサー・シルヴァー博士が、接着剤について基礎的な研究をしていた。博士は、さまざまな面にたやすくくっつくが、貼る個所を変えても、十分に粘着力をもつ、接着性の低い接着剤を開発した。フライは直ちに、スペンサーの接着剤が、自分の必要に完全に合致することを見て取った。フライは、その接着剤を紙片のはしに着けてみた。どうです、落ちずに、移動可能、再利用可能のしおりができたではないか。

その後しばらくして、フライは、自分の発明の豊かな可能性に気づいた。フライは、自分の考えを3M社の経営陣に提出、経営陣はフライに研究チームをもたせ、十八か月の後、サンプルを販売部門に提供することができるようになった。

接着メモについての物語はよく知られているところであるが、アート・フライの発見が、全くのまぐれ当たりではなかったということはあまり知られていない。

この発明は、研究員が愛着を持っている研究に、研究時間の十五パーセントを充てることを奨励する３Ｍ社の政策から生まれた当然の結果でもあったのである。接着メモを研究する時間と会社の支援なくしては、アート・フライのアイデアは、アイデアだけに終わったであろう。この十五パーセント政策は、たとえば、スコッチ・テープのような画期的な製品を育てることを通じ、３Ｍ社に貢献してきた。

アート・フライのしていることを、経営者がそのつど、フライの肩越しにのぞきこむようなことをしていたら、アート・フライは、それによって助けられたであろうか？　恐らくは否であろう。

シェリー・ランシングは、わたしに次のように語っている。

「わたしは、マイクロ・マネジメントを信じない。ある企画に出発信号を出したら、わたしは、映画製作者と演出家がそれぞれの仕事をすると安心して任せる」。

モーセと同じように、３Ｍ社の経営者とランシングは才能のある人々に、必要とする材料と人材を与え、彼らの邪魔をしないだけの分別をもっていた。

19. 強さのシンボルを探せ

☆ユダヤ民族のシンボルー七枝燭台

ユダヤ民族にもっとも古くから伝わるシンボルは、主がモーセに「示された作り方に従い」職人べツァルエルが黄金から打ち出した七つの枝を持つ七枝燭台である。神が、イスラエルの人々に作ることを命じられたすべての物の中で、人々の精神をもっともよく表すのは、この七枝燭台である。

ダビデの星もまた、ユダヤ教を象徴するものであるが、七枝燭台が第一位を占める。ローマの地下墓地では、墓石、石棺の上に、七枝燭台の像が刻み込まれている。

出エジプトの昔から現在まで、それはユダヤの人々のもっとも神聖なシンボルとされてきた。シンボルとして光を用いることは、多くの信仰で重視されている。―自由の光に対する奴隷の闇、希望の光に対する絶望の闇というように。しかし、イスラエルの人々は、さらに一歩を進めた解釈をしている。イスラエルの人々が七枝燭台をただ単に祭礼の一部としてばかりでなく、存在そのもののシンボルとして奉じているが、それには、どういう謂われがあるのだろうか？

それを解く鍵は、七枝燭台を作るにあたって、神が与えられた指示に見い出すことができる。

聖書には、次のように書かれている。

「純金で燭台を作りなさい。燭台は打ち出し作りとし、台座と支柱、咢と節と花弁は一体でなければならない」。

原文のヘブライ語で用いられている言葉はmikshaであり、それは鍛える、固くするという意味をもっている。金属片を絶え間なく打ち、ベツァルエルは、それが完全なものになるまで、作品を形づくったのである。

このことをあらゆる集団、また幾世紀にもわたるユダヤの人々に類推して考えるならば、人は、大いに打たれ鍛えられなければならないことを意味する。人は、人生のさまざまな出来事によって強打され鍛えられるのであるが、毎日会社にやってきて、日々の仕事を果たすことによってもまた、人は自分自身を鍛え、目的達成のための共同の活動に光を投じているのである。

☆人は自分たちの目標や力を示す具体的なものを必要とする

たいていの人は、毎日、ただ仕事に来るだけでは、大した貢献もなく、そこに栄光はないと考えるが、実際は、毎日来るということが、会社が前進を続けていく力を築いているのである。

だれの仕事でも取るに足りないものであったり、無意味であるものはないこと、だれの仕事も、より大きな全体に貢献していることに気づかせるのが、経営者の役割なのである。

従業員がこのことを受け入れるならば、集団は一体化し、部分の合計以上のものになる。シンボルは、モーセが発見したように、この一体感を長い旅路の間中、維持する鍵であった。

モーセのなした偉大なことは、おどおどした個人の群を統一国家に造り変えたことであった。モーセは、奴隷生活によって、多年にわたる砂漠の生活によって、黄金の子牛の罪や知らず知らずの間に不信仰に陥ることによって、打ちのめされている人々の心を掴み、神の言葉を教えることによって、人々を一体化した。

しかし一方、人々は、信仰と忍耐の目に見えるシンボルをも必要としていることがモーセには分かっていた。神は、イスラエルの人々は、人間あるいは動物の形をした像を拝してはならないと命じられていたが、人はだれでも、自分たちは何者で、自分たちはなぜ旅路にあるかを、思い起こさせるための具体的な形を渇望するものである。

七枝燭台は、神を中心とした国民であるのに欠くことのできないすべて、すなわち、生き残ること、神の言葉に従うこと、あなたの光—あなたの仕事—を日々、共通の目標にささげること、を表すものとなった。

七枝燭台の六つの枝は仕事の日、七つ目は安息日、休息の日を表している。毎週、一日を神を想うために、安息日とするということは、革命的なことであった。

☆集団共通の経験を具象化したシンボルの必要性

事業においてもまた、従業員を鼓舞するため、シンボルは貴重な道具である。シンボルといっても、わたしの言っているのは、会社の商標や地位を示す記章ではなく、組織を形成するのに役立った共通の経験を表象するものである。小さなシンボルでも意気を高揚させるものである。たとえば、レストランでは、一番初めに稼いだドル札を金銭登録機に貼り付けていることが多い。それは、実際に建物を建て、営業を開始したことの勝利のシンボルであるからである。

ユダヤ・ニュース・デイリーの創始者フィル・ブレイザーは、風変わりな、しかし、士気を鼓舞するシンボルを事務所の壁に掲げている。それは純金の七枝燭台とは大変異なるものであるが、それが持つ力は、七枝燭台と異ならない。

フィルの生き残りのシンボルは、一対の黒い靴下で、フィルを知っている人たちの間では有名なものである。この靴下はそこらにある靴下ではない。フィルが、デイリーの第一号発行の最終期限に間に合わそうと必死の努力をしていたとき、フィルが八日間ぶっ通しで履いていたため、ぼろぼろになった一足なのである。

フィルと、仕事にまだ慣れない職員たちは、事務所で寝泊りし、二十四時間汗みずくになって、忘れることのできない苦難の一週間の後、締め切りぎりぎりに原稿を印刷所にまわしたのであった。その後、フィルは、ぼろぼろになり、つんと鼻に来る靴下を額に入れ、壁に掲げた。

今でも、締め切りに間に合わすことが困難といったことが予想されるときは、フィルは、部員の会議を開き、この靴下を指差し、「あの頃を覚えているか？　あのとき、われわれはできたのだ。だったら今もできる。この締め切りにも間に合わせることができる」と言う。

☆シンボルによって力づけられる

わたしたちは皆、前進するよう自分たちを鼓舞するシンボルを必要とする。

それは、フィルの靴下のように、生き残りを表象する滑稽なシンボルであることもあろう。あなたの会社の従業員が業界や地域においてした仕事に対して与えられた賞であることもある。あるいは、毎年行われる「がん撲滅のための行進」で、職員が決勝線を切っているなど、有意義な行事の写真であることもあるだろう。

七枝燭台と同じように、すぐれたシンボルはわたしたちに自分たちがもっている強さを思い起こさせる。それは、普通ではない努力を必要とした普通ではない挑戦を表象する。

すぐれたシンボルは、ここ、この場所で、全員が団結し、光り輝いたことの証明である。あなたの職場で、シンボルが、どこかの棚にしまいこまれていたり、机の引き出しに入れたまま、忘れ去られているかもしれない。そうであれば、それを取り出しほこりを払い、壁に掲げよう。もし、あなたの部門が、苦しい経験に勝ち抜いた経験をもつならば、それを表象するものを探そう。

シンボルは人々を結びつけるのに、神秘的な力をもっている。それを探し出して、その力をあなたのために働かそう。

20. チームと共に

☆チームの一員としてのモーセ

モーセという名は、通例、群集の上に屹立する、完全に神ではないが、そうかといって、単なる人間でもない孤高の人間像を思い浮べさせる。一人の人がどのようにして世界を変革する力となりえたかの事例を求める場合、モーセが思い浮ぶ。

芸術においても、ヘブライの人々に説教するモーセ、石の板を携えてシナイ山を一人大股で下って来るモーセ、葦の海を開くために杖を振り上げるモーセが描かれる。

もっとも有名な像、「モーセ」と題されたミケランジェロの巨大な彫刻では、モーセは、玉座のような椅子にかけ、筋骨隆々と、体を緊張させ、石の板を腕の下にしっかりと抱えた姿に描かれている。モーセの顔には、頑迷なイスラエルの人々、正道を外れた彼の「子ら」に向けられた、暗い怒りが現れている。

出エジプト記の近代における解釈においても、モーセは、その個人としてのメタモルフォース

［あるものから全く別のものに変わること――訳注］、個人の成長の模範的事例という面に焦点を当てている。モーセは、砂漠へ追放され、そこで、「個人を形成」し、そこから抜け出し、使命を見い出し、主体性を確立した。しかし、律法を伝える高く抜きん出た人、また、完全に自己実現を遂げた人としてのイメージは、モーセの真実を示すものではない。モーセは、チームの一員であったのであり。モーセといえども、その成し遂げたことを、ただの一人だけでは、成し遂げることはできなかった。

出エジプト記の九章一節、一〇章一節には次のような記述がある。

「主はモーセに言われた。『ファラオのもとに行って…』」。

この部分は「ファラオのもとに行って」と訳されているが、ヘブライ語の正確な訳は、「わたしと一緒に、あなたの兄弟アロンと一緒に、わたしたちが集めたチームと一緒に、来なさい」というように、行くでなく来るである。

聖書の註解者によれば、神は、モーセ単独で事を運ぶことを決して意図されていなかった。

☆モーセを育てた人たち

「モーセ・チーム」のメンバーにはどのような人がいたのであろうか？

まず、モーセの母親。彼女は、エジプトの死刑執行人からモーセを隠す勇気を持っていた。

次は、パピルスの籠に入れられ、ナイル河畔の葦の茂みに隠されたモーセを見守っていたモーセの姉ミリアム。彼女は後に荒れ野で力強い姿をみせる。河畔から籠を取って来させ、ファラオの宮殿で自分の息子として育てたエジプトの王女もまた、重要な登場人物である。

モーセの二人の母親がそれぞれ、モーセの個性を手づくりした。モーセのエジプト人の母親は、宮廷のしきたりに触れさせた。その知識は、モーセが、ファラオに奴隷を解放することを要求するため、宮殿に戻るに際し、宮殿の入場許可証となった。彼を育んだ生みの母親、接触があったであろう妹、兄弟は、モーセに、ヘブライ人としての主体性について教育した。

映画「十戒」や最近では「エジプトの王」とは逆に、聖書には、モーセは、自分をエジプト人と信じて育てられ、成年に達して事実を知ったといったことを仄めかす個所はない。

出エジプト記は、事実の報告として、「モーセが成人したころのこと、彼は同胞のところへ出て行き、彼らが重労働に服しているのを見た」と記している。ある学者は、モーセは、ファラオの宮廷で、幼時において影響力をもったチームのメンバーであったエジプト人の母親と生みの母親二人によって、セミ族の王子として育てられたのであろうと主張している。

この二元的な育児が彼の成功をもたらした決定的な要素である。

☆モーセに協力した人たち

モーセの兄弟アロンもチームには欠くことのできない一員であった。彼なくしては、「言葉に流暢さの欠ける」モーセは、人を動かすような意思伝達者ではありえなかったろう。育ちのよい「王子」の誠実性に疑問を持つ奴隷の間にモーセに対する信頼性を付与したのは、アロンであった。後に、アロンは祭司の職を受け持ち、生まれたばかりの国家の儀式を固めた。聖書は、モーセが、彼の兄弟の助けなしには、その使命を達成できなかったであろうことを明らかにしている。

チームのきわめて大切なメンバーのもう一人は義理の父親のエトロである。モーセが亡命の身にあるとき、エトロはモーセを引き取り、砂漠で生きる術を教え、世話をする羊の群れを与え、また、自分の娘ツィポラを与え結婚させた。エトロの導きの下、モーセは成人に達した。モーセが、荒れ野の中、イスラエルの子らを引率し始めたとき、「このやり方ではあなたの荷が重すぎて、一人では負いきれない」とモーセに忠告し、人々の間の争いを解決するのを助けるため治安判事と判事を任命するように助言したのはエトロであった。

エトロが演じたさらに重要な役割は、モーセの成長についてであった。ある学者は、エトロが、モーセに一神教を教えたと信じている。ミディアンの祭司エトロによせる古代の賢人の尊敬は非常に大きく、そのため、彼らは、十戒を含む聖書の部分を、彼にちなんで、「イテロ」と名づけている。

モーセの妻ツィポラも長い追放生活の間、モーセに付き添い、聖書に記録されている忘れることのできない逸話に示されるよう、モーセの命を救った。モーセの後継者ヨシュアは後に加わったチームの一員であった。

職人のベツァルエルもモーセ・チームの重要なメンバーと考えられよう。

モーセ自身は、新しい信仰に組織と中心点を与えるために必要な契約の箱、その他、聖所に使用する祭儀用の道具を作れという神の指令を遂行することはできなかったであろう。

以上にみたように、モーセのチームは少なくとも八人の人、すなわち、生みの母親、育ての母親、妻、姉、兄、しゅうと、後継者のヨシュア、職人ベツァルエルである。

チームの中には、「若い雄牛」の鋳造を作ったアロン、モーセがクシュの女を妻にしていることを非難したミリアンのように、モーセの期待を裏切る者もあった。そういうことがあったにせよ、彼らは、モーセのチームの一員であった。

モーセは、彼らと共に闘い、不和を解決し、そして前進した。結局のところ、モーセは、彼らの精神的な支持、リーダーシップの支持、そして勇気づけを頼った。彼らが、人々を統治しようとするモーセを助けた。

☆企業を構成するのはチーム

このチーム・リーダーシップの考え方は、今日の先見的経営者によっても採用されている。アメリカン・オンライン社の社長ボブ・ピットマンに「あなたは、リーダーシップは企業の経営基盤のどこに位置づけられると思いますか」と訊ねたとき、ピットマンは、次のように答えた。「わたしは、将軍が頂点に立つ昔の軍隊型組織の信者ではありません。わたしは、大企業では、一人のリーダーとリーダーを補佐する多数の人という考えは成り立たないと考えます。そこに本当にいるのは、リーダーがリーダーシップの一部を他の人に与えなければならないということでしょう。CEOのステーヴ・ケースが、わたしに、日常業務を処理する権限を与えます。わたしもまた、その一部を他の人々に与えます」。

「それは、大変、力強く活動的です。『わたしはあなたより、組織上は上にいるから、あなたより、いい考えを持っている』といったやり方はわたしたちは取りません。わたしたちは『わたしは、より多くの時間を経営することに使っている。わたしは、遠く離れたところにいるが、より広い視野をもっている。あなたは、一つの問題を処理するためより多くの時間を使っている。その問題についてはあなたのほうが詳しい』と言っているにすぎません。仕事がこうも上手く運んでいるのは、わたしたちが、お互い同士の間で尊敬を持っているからでしょう」。

出エジプト記には、チームの一員としての忘れることのできないモーセ像が描かれている。

エジプトを出発、シナイ山に近づいたイスラエルの人々は、レフィディムで野営する。ここで、アマレクの軍勢と衝突することになり、モーセは出陣を命じ、自身は、神の杖をもって、丘の頂きに立つ。

「モーセが手を上げている間、イスラエルは優勢になり、手を下ろすとアマレクが優勢になった。モーセの手が重くなったので、アロンとフルは石を持って来てモーセの下に置いた。モーセはその上に座り、アロンとフルはモーセの両側に立って、彼の手を支えた。その手は、日の沈むまで、しっかりと上げられていた」。

イスラエルはその戦いに勝利をおさめた。

あなたが疲れ果てていようと、いなくても、また、あなたが、それを自覚していようと、自覚していなくても、わたしたちは、わたしたちの目標を達するためには、他の人々の支持と援助を必要とするのである。

21. 将来を予測して、有利に利用せよ

☆モーセはどうして将来を予測できるか

モーセがファラオの前に立って、「わたしの民を去らせ」るよう要求したとき、モーセはなにと対決しているかを正確に知っていた。二人のリーダーの間の対決は、世界観の歴史的衝突を呼び起こそうとするものであった。

古代エジプト人は、太陽神ラ、動物、ナイル河、ナイル河から取れるあらゆるものを崇拝していたが、奴隷の命は、ほとんどとるに足らない無価値なものと考えていた。

モーセの崇拝する神は、人間をあらゆる被造物のうち、もっとも貴重なもの「被造物の冠」としていた。モーセは、エジプト人に、彼らに分かる言葉で、モーセの神が他のすべての神と比べて、もっと力のある神であることを証明しなければならなかった。モーセが、それを立証するまで、ファラオは、イスラエルの子らを解放することは絶対ありえないであろう。

実際に起こったところによれば、ファラオに主の力を信じさせるには、そのつど、モーセが予

告した十回の破滅的な災いを必要とした。神の使者モーセが、災いを予告することができたがため、ファラオは、ラでなく、神がイスラエルの人々の後ろにある力であることを信じた。しかし、モーセは災いを本当に予言したのであろうか、それとも、単に、注意を払っていただけなのであろうか？

エジプト脱出をリードするように選ばれてからは、モーセは、世界を従来とは異なる目で見ていた。モーセは、ファラオが態度を変えるまで現れ続ける主の怒りが見えるはずの地と空とを注意深く観察していた。

☆僅かの情報から将来を読む

ナイルの水を血に変えるという最初の災いは、事実は赤潮であったかもしれない。ある学者は、災いは長い期間をおいて生じ、次に来る赤潮の兆候に気がついていたか、あるいは、ファラオの下に行くことになるずっと以前から、上流から流されてくる赤い泥土の周期に気づいていたかのどちらかであると考えている。もしそうであれば、モーセは、近い将来に起こることを知っており、この災いを正確に「予告」することができて当然である。

しかしながら、モーセが普通と異なるのは、僅か一片の情報を使って、数週あるいは数か月後に起こるであろうことを予想しえたその方法である。赤潮は、ナイルの生態系を変え、陸に逃避する蛙の数を増加させるであろう。

モーセは、こうした事態の展開に注意し、蛙の災いを予告することができた。また、蛙が死んだならば、その死体はしらみや他の虫の繁殖母体になるであろうと推理し、続く二つの災いを予告した。その他の自然災害である災いについても同様であった。モーセは、自分の周りに働くいろいろな力を研究し、それが起こすであろう結果について考え、予告をしたのであった。

たとえ、それぞれの災いを神がエジプトに順次にもたらした独立した災害であるとしても、なお、モーセが与える教訓は貴重であろう。

あなたは、経営者として、小さな変化ばかりでなく市場環境の激変にも対応していかなければならない。すでに起こっている変化に注意するだけ、あるいは、変化曲線に沿って次に生じるであろうことを予測するだけでは十分ではない。更に、先を読め。変化曲線に沿う三つあるいは四つ先の出来事を読む必要がある。

☆移民の動向を注視することによって州最大の自動車商へ

一九八七年、風向きの変化が、自分の住んでいるところにも小さなさざなみを立てていることに気づいた年若い営業部長があった。

当時二十四歳であったグレグ・ペンスケは、父親の経営していた中古自動車商を引き継いだが、丁度、その頃、白人の街であったカリフォルニア州エル・モンテには、世界の各地から中産階級の移民者が流入し始めていた。事業者の中には、そうした傾向に対し、地方自治体に、英語以外の言葉の看板を禁止する法令を設けるように働きかけるといった反動的な反応を示すものもあった。彼らは、それを脅威とみたのであるが、ペンスケはそれを好機とみた。

移民者に便宜を図るため、ただ単に、スペイン語、中国語を話せる販売係りを雇うだけでなく、ペンスケは、積極的にこの新しい顧客を追い求めた。ペンスケは、少数民族系の新聞、ラジオ、テレビに広告を出し、さらには、近所のナイジェリア系の会報にまで広告をした。中国の北京官語を少し話す彼は、中国系の地方TV局の広告に出演することさえした。

エル・モンテの他の事業家は、一つまたは二つの移民居住地を目標にしていたが、ペンスケの「ロンゴ・トヨタ」は移民全員を目標とし、遂には、タンガログ語、韓国語、上海語、ヴェトナム語を含む二十ヶ国語で、車を販売できるだけの多様な販売係りを雇うに至った。

一九九七年の末には、「ロンゴ・トヨタ」は、年商三億五千万ドルという、カリフォルニア州のトップ自動車商になった。

ペンスケは、次のように言っている。

「変化を好まない事業家が多いが、わたしは、変化が好きだ。わたしは、変化を予知し、それを追っかける」。

モーセがエジプトに戻ったとき、神の力を示すことになる変化を注意深く見守っていた。モーセは、自分の周囲に起こる自然の力を凝視し、自分の見たものを深く考察した。

あなたも、あなたを巡るさまざまな力について、モーセと同じようにして欲しい。目前のことを超えて、それが、明日、翌月、翌年に生じさせるであろう、さざなみをみよう。将来を予測し、それを有利に利用しよう。

22. 危機を好機に至る扉と見よ

☆変化は危機においてのみ起こる

エジプトの国中の家庭の初子を主が皆撃つという十番目の災いは、長く続いた一連の災いの最後の一撃であった。次々エスカレートする災いがもたらすストレスは、モーセに対するファラオの別れの言葉から聞き取ることができる。

「さあ、わたしの民の中から出て行くがよい、あなたたちもイスラエルの人々も。あなたたちが願っていたように、行って、主に仕えるがよい。羊の群れも牛の群れも、あなたたちが願っていたように連れて行くがよい」。

モーセが、エジプトに戻る前には、強力な国家が、六十万人にのぼる奴隷を放棄するといったことは考えられないことであった。それを可能にしたのは災害であった。打ち続く大災害は、イスラエルの人々を解放するまで、自分たちの世界は崩壊を続けるであろうことをエジプト人に確信させた。続く災害の間、エジプト人は、穀物、家畜、健康を失うことによって、大変な苦しみを受けた。災害のたび、エジプト人たちはいっそう絶望的になり、災害はとどまるところがないことを確信するようになった。

ファラオがとうとうイスラエル人を解放したことは驚くにあたらない。なぜなら、「エジプト人は、民をせきたてて、急いで国から去らせようとした」のであるから。十の災いに耐えている間に、もはや何が起こっても不思議でないと思うようになっていた。ファラオ自身についていえば、彼のモーセに対する最後の言葉は、「そして、わたしをも祝福してもらいたい」であった。

王が哀願者となり、モーセが祝福の分配者になった。危機においてはあらゆることが変化しうる。

☆フィリップ社の仮装記者発表

危機は、事実、ときによっては変化への唯一の扉である。

フィリップ・エレクトロニクス社は、苦難の結果、このことを学んだ。オーディオ、ビデオ、記録機器の先駆的メーカーとして、一九八〇年代初期においては、世界のトップの座を占めていた。その技術に対する評価は、匹敵するものはなく、また、競争相手もほとんどなかった。本社はオランダで、ヨーロッパ各地に、地域統括者をおいていた。各地域は、他地域とは、全く関係のない独立の事業体であり、地域統括者は地域部門を、小王国のように経営していた。

長年にわたり、フィリップの従業員たちは、自分の終身雇用を確保する鍵は、それぞれの統括者に対する忠誠心にあり、また、人間関係と先任権が能力よりも重視されると考えるようになっていた。

一九九六年五〜六月号のハーヴァード・ビジネス・レビューに、フィリップについての報告記事を書いたポール・ストレベルによれば、「会社の人脈における地位と権力が、だれがなにを得るかを決定していた。…従業員は上のものより以上に働く誘因をもっていなかった。フィリップ社には、経営者に責任を取らせる有効な仕組みが欠けていた。…成果よりも忠誠が奨励される文化においては、だれも、この固定観念に異議を唱えることはできなかった」。

一九九〇年までに、この固定観念を改めることが、強く必要とされることが明らかになっていた。経済の状況は、新しい会社、ソニーやパナソニックが、フィリップ社の市場の大部を取るなど、劇的な変化をしていた。

相次ぐ二人のＣＥＯはフィリップ社に競争力をつけようとしたが、何事も起こらなかった。「経営者もその部下も、会社を再生させるため必要欠かせない変革には、自分たちがその義務・責任について従来とは全く異なる見方をしなければならないと理解することを強いられなかった」。

換言すれば、変革ということは、フィリップ社の従業員にとっては考えることのできないものであった。

こうしたときに、ジャン・テイマーが最高責任者の地位についた。テイマーが、最初にしたことは、会社が面している事態を公式に危機と決めつけることであった。

テイマーは、トップ百人の部門責任者を、本社から離れた山荘に集め、各自に一枚の紙片を渡した。それは、フィリップの破産についての仮装の記者発表記事であった。テイマーは、今、変革がなされないならば、この記者発表は事実になるであろうと、はっきりと告げた。百人の部門責任者たちのとるべき道は二つ。組織を根本的に変革しようとするテイマーのミッションに加わるか、それとも、袂を分かつかである。

「百人隊作戦が開始された。それと同時に、会社の中にあった者皆が慣れ親しんできた会社における生き方に終止符が打たれた」とストレベルは書いた。

百人作戦は、フィリップ社に徹底的な改革を始めさせた。テイマーが始めた計画のやり方は、すべての経営者に教訓となるであろう。—場合によっては、事態を緩和することは、ためにならない、場合によっては、危機を危機として認めることが、人々を動かす唯一の道である。

ひとたび、危機が危機として認められるならば、生存本能によって呼び起こされた「開かれた心」の精神が古い思い込みに取って代わる。多くの人は挑戦に応じて立ち上がることができるのである。

一九九四年に行われた従業員態度調査は、フィリップ社の従業員の「士気と参加の意識は急上昇した」ことを示した。

危機の存在を否定するよりは、それを認めて、それを利用しよう。深刻な危機が組織を訪れることは稀であるが、それが訪れたときには、危機が開いてくれた扉を利用しよう。

23. 心からの貢献を引き出せ

☆「モーセ」という名は「引き出す」ことを意味する

モーセの名は、ヘブライ語では「引き出す」ということを意味しており、モーセの物語に親しんでいる者には、長く、インスピレーションの源泉となってきた。モーセはナイル河から引き出された。彼は王子として育てられたが、エジプトから、イスラエルの人々を引き出すため、自分の周囲にある豪華なものを拒否した。

彼は、「奴隷の家」からイスラエルの人々の体を引き出すよう計画をしなければならなかった。(事実、モーセは、災いの助けを借りて、それを成し遂げた)。しかし、それは、始まりにすぎなかった。

ひとたび、人々が砂漠に出てからは、新しい国民が生残って行くためには、モーセは人々の才能とコミットメントを引き出さねばならなかったというように、この隠喩はきわめて魅力的である。

☆あなたは従業員の心をどうして得るか

あなたが、どのようなチームを率いているにせよ、また、あなたが、目標をどこに定めているにせよ、常に、二つの水準の問題が生じる。

特定された目標の達成という第一のそれはやさしい。すなわち、エジプトから、人々を移動させる―そのことは既になされた。今や人々はエジプトの地から出た。しかし、あなたはどのようにして人々を、より大きなミッションにコミットさせることができるか？ 大きな目的のために精力を注ぎ込んでいると実感させることができるか？ あなたは、人々の肉体を得たが、どのようにして心を得るか？

聖書には、自発的な心からの貢献を強調する個所が多い。幕屋建設に当たってのモーセの指示に耳を傾けてみよう。

「あなたたちの持ち物のうちから、主のもとに献納物を持って来なさい。すべて進んで心からささげようとする者は、それを主への献納物として携えなさい。…また、あなたたちのうちの、心に知恵ある者をすべて集めて、主が命じられた物をことごとく作らせなさい」。出エジプト記の記述は続く、「心動かされ、進んで心からする者は皆、臨在の幕屋のすべての作業、および祭服などに用いるため…随意の献げ物を主に携えて来た」。

主と体において一緒になるだけでなく、イスラエルの人々が心において主と一緒になることをモーセは求めた。彼は、彼らの献げ物以上のものを必要としていた。モーセが求めたのは、自由意思による心からの献げ物であった。

そうした熱情的なコミットメントによってのみ、人々は生き残るチャンスを待つことができるのである。もし、人々が、心の中でエジプトに帰ることを思っている脱走奴隷の集団にとどまるならば、人々は絶対に生き残ることはできないであろう。

☆人々の才能をどう引き出すか

人々の心からのコミットメントを引き出すことは、モーセにとって一生の、しかし失望させられることの多い課題であった。それは、経営者のだれでも自信の持てない仕事であるが、それへの挑戦は、非営利活動において、ことに大切な問題である。

いくつかの大きな信徒集会のラビとして、わたしは、ボランティアの才能を引き出すことについて多くのことを学んだ。

従業員の場合とは異なり、ボランティアにはいろいろな才能をもつ人たちが集まり、中には最初に接したところでは教会を運営するには特に役立つとは思えないような能力をもつボランティアがいる。

ボランティアを志す人たちの心は教会におかれているのであろうか？　それは確かである。――もし彼らが援助したいと考えていないのであれば、ボランティアとして参加しないであろう。

しかし、その意図がいかによいものであっても、ボランティアがある定まった目的のために自分のもっとも得意とする能力を提供するのでなければ、だれもチームの一員であるとは感じることはないであろう。人々のもつ最高の才能を発揮できる企画とボランティアをマッチさせなければばならないのだが、そのための基本原則として、人々一人ひとりを知れば知るだけ、人々のもつ可能性を発見することができるようになるということを知った。

信徒集会におけるボランティア要員は主として、母親―お抱え運転手のように子供を送り迎えしている間、その昇進の速度を落とすか、仕事を一時中断した二十歳、三十歳、四十歳代の女性である。

フロリダ州マイアミのわたしの教会で、わたしは彼女らの職業経歴、経験などを訊ねることをポイントにしている。わたしは、彼女らを知るにつれ、高学歴にかかわらず、子供たちのほうが、信仰についてよく知っていることを知るようになった。

ベビーブーマーの両親たちは、自分たちの最低の宗教教育についてさえ、ずっと以前に忘れてしまっているか、そもそも宗教教育を受けたことがない。彼女たちはよく「わたしは、わたしの子供が、わたしたちの文化遺産をよく知って欲しいと思います」と言うが、恥ずかしそうに、彼女ら自身が大祭日にしか礼拝に出ないことを白状する。

サッカーやバレーの教室に通う子供を送り迎えする「棄教」した母親の二人は、以前、教師であった。そこで、わたしは、彼女たちが企画について何か新しい考えを出すのではないかと思い、リンダとエステルを教育委員に選任した。

この二人の女性は、子供たちが授業を受けると同じ時間に、父親や母親が、宗教教育と聖書研究を受けることができる両親教育企画を創設した。

この結果、車の中で待っていたり、市場に買い物に行く代わりに、両親は子供たちが学んでいることと同じことを学び、その晩、夕食の卓で、それらを論じ合うことができるようになった。

☆従業員の仕事以外にもっている関心事を知ろう

あなたのチームのメンバー——その趣味、出身学校での生活、家族などを知ることによって、あなたは、メンバーの隠れた才能を引き出すことができる。それらの才能は、その人のしている仕事とは、全く関係がないかもしれないが、彼の自我意識にとっては欠くことのできないものである。

技師長は週末の写真家であったり、営業部長はかつての陸上競技のスターであったかもしれない。あなたのチームのメンバーはだれも、仕事以外の生活を持っている。あなたが、それを知れば、彼らの私生活における関心を仕事——特に地域の奉仕活動や慈善事業の資金募集活動——に関連させて利用する方法をみつけることができる。

従業員が自分の持っている最高のものを提供する場合には、従業員は会社とより心のこもった関係を創り出すことができる。従業員がそうするように仕向けるのが。経営者としてのあなたの仕事である。

技術者にクリスマス・パーティーで写真をとるように頼んだとき、最初は断られるかもしれない。

しかし、あなたがそういう努力をしているという事実は相手に何らかの印象を残すであろう。それは、あなたは彼を知っていること、彼の言ったことを聞いていたということ、あなたが彼を技術者以上のものとみていることを証明する。たとえ、彼が「わたしは今は都合が悪い」と言ったにせよ、あなたが頼んだことを彼は喜んでいる。

彼が、とうとうカメラをパーティーに持ってきたとき、彼は心からのコミットメントに一歩近づき、それがチームを結合させるのである。

臨在の幕屋建設の詳細な記述は、イスラエルの人々がささげたあらゆる献納物、あらゆる才能をモーセが利用したことを明らかにしている。

この企画は、イスラエルの子らにとっては、一つの転換点であった。ただ単に受けるだけではなく、聖所のために与えることを頼んだのは、これが最初であった。

与えるという行為は、関係を確認するものであるか、ほとんどの人は余りに内気であるため、頼まれないと与えないものである。

引き出せ。そうすれば、彼らは、イスラエルの人々がしたように「作業全体を仕上げるのに十分で有り余るほど」提供するであろう。

24. やる気のある少数派を探せ

「わたしはこの民をどうすればよいのですか？」

天を仰いでこの問いを発しなかった経営者がいるだろうか？　これはモーセの叫びであったが、それももっともな叫びであった。

イスラエルの人々は泣き言を言い、モーセにぶつぶつ不平を言った。イスラエルの人々は自分たちの得た自由をありがたく思わないで、後に残してきた奴隷の生活を懐かしんだ。元奴隷として、人々は自分自身に自信をもっていなかった。人々は、自分の力ではどうすることもできない状態に置かれることに慣れていたため、絶えず、不平をこぼし続けた。

モーセは、自由は直ちに、この人たちを変えるであろうと思っていたが、主が、葦の海を分けられた直後から、そうではないことに気づいた。それほどの大きさの奇跡さえ、ヘブライ人に、神とその使いであるモーセへの不動の信頼を確立させせなかった。

☆「必ず勝てます」と信じる少数者を見つけよう

たった三日の後、人々が、荒れ野を進み、飲み水がないことが分かったとき、人々は、「モーセに向かって、『何を飲んだらよいのか』と不平を言った」。またそのすぐ後「われわれはエジプトの国で、主の手にかかって、死んだ方がましだった。あのときは肉のたくさん入った鍋の前に座り、パンを腹いっぱい食べられたのに」と嘆いている。

二年後においてさえ、「だれか肉を食べさせてくれないものか。エジプトでは魚をただで食べていたし、きゅうりやメロン、葱や玉葱やにんにくが忘れられない」と嘆いた。

モーセは、今や、彼の前に横たわる巨大な課題を知った。

この怯えきった無力の群れの中から、カナンの地を闘い取るだけの強靭な人間を見つけなければならないのである。

神がカナンの土地を偵察するため十二人の斥候を派遣することを命じられたとき、モーセは、自分の選り抜きの人々の性格テストをする機会を与えられたことになる。

斥候のうち十人は、「そこは乳と密の流れるところでした。…しかし、その土地の住民は強く、…我々は、自分がいなごのように小さく見えたし、彼らの目にもそう見えたにちがいない」と報告した。

斥候のうち、たった二人のカレブとヨシュアは、「断然上って行くべきです。そこを占領しましょう。必ず勝てます」とモーセに進言した。

使命を信じ、目標を達成することを助けてくれるであろうやる気のある少数派という鍵を、モーセは発見した。

明日のリーダーは、今日のやる気のある少数派に見い出されることが多い。三十八年後、カレブとヨシュアは、ヘブライ人を率いてカナンに入った。

☆積極的な少数派を見つけよう

あらゆる事業において、多数者は、通常、抵抗の最も小さな道を選ぶ。そこには必ず、半分空になったグラスを見るほうを好む不平家がいるものである。こうした従業員を動機づけるのが経営者の役割であるが、それを一人でやる必要はない。

あなたの最初の目標の一つは、やる気のある少数派を見つけ、他の従業員を鼓舞するために、その人たちの熱意を利用することである。

やる気のある少数派とは、その献身を言葉ではなく行動によって示す人々である。あなたは、会議の席であなたに「イエス」というだけの人ではなく、あなたが見ていないところで、義務をつくす男性や女性を発見しなければならない。こうした従業員が発見されるのは、情況が緊迫したときの最前線である。

顧客サービスは、企業の最前線である。わたしの経営するイメージ・ムーヴメント・テクノロジー社の技師長は、あるモーターのメーカーの顧客サービス課と激しいやりとりをしていた。わたしたちの製品、動く広告システムが開発中であったとき、それを動かすモーターが原因不明で止まる事故が続いた。ニューヨークからの投資家の来訪は数週間後に迫っており、技術者たちは追い詰められていた。

技師長は何度も何度もモーターのメーカーに電話をし、次々と出てくる「いなご」たち、すなわち、サービス担当者や技術者とやりとりを繰り返していた。マニュアルがどこか違っているのであろう、メーカーとしてはどうしようもない、貴社の製品のどこかに欠陥があるのではないか、自分で修理をしたほうがよかろうというのがメーカーの言い分であった。

とうとう技師長は、メーカーの社長に渡りをつけた。翌日、技術担当の副社長が車を二時間走らせてわたしたちの研究所にやってきて、個人的に謝罪し、腕まくりをして、モーターを修理した。この副社長によって、わたしたちは、その会社に対する信頼を新たにし、その会社の製品を続いて使用することにした。

社長自身は、苦情の電話にいちいち、また、すべてに対応することはできない。しかし、この社長は、その下に、カレブが言ったように「必ず勝てます」と言うことができるだれかを持っていた。あなたの会社の職員全員をカレブのような人で充てることはできないことかもしれないが、少なくとも、幾人かのカレブを見つけておくことは、必要欠かせない。

☆やる気のある少数者をどうして見つけるか

あなたが、経営者として未知の会社に赴任した場合には、やる気のある少数者を見つけるためにできる限りのことをせよ。

解決法と、新しい方法を構想することのできる「可能性を考える人」を求めよ。

危機が来るまで待つな。会社の実情を調べよ。

従業員に、過去の危機とそれがどう解決されたかを話すように頼め。

必ず急場を救った人たちの名前を知れ。

顧客からの苦情、賛辞、提案のファイルを調べよ。

会社の外部からいつもいい評価を得る従業員に注目せよ。

あなたがやる気のある少数派を見つけ出したならば、その人たちを育てよ。

彼らをあなたの同盟者とし、他の職員の模範として示せ。

だれかが「わたしはいまやっている以上のことはできません。わたしにそんなに期待しないでください」と言ったならば、あなたのカレブとヨシュアと共に立って「バーをあげようではないか。そして共に、次のバーを飛び越えようではないか」と答えよう。

25. 助っ人は一門の中に求めよ

☆神が備えてくださる

信仰をもつ人は「神が備えてくださる」という古い教え［この言葉は旧約聖書創世記二二・八にある――訳注］は多くの真実が満ちていることを経験しているのであろう。ときによっては、神が備えてくださるものが、自分が必要と考えないものであることもあるが、そのような場合には、人の側で神の備えてくださったものを詳しく考えてみることが要請されるのである。

燃える柴の場面で、イスラエルの人々の先頭に立つことをモーセは嫌がるであろうことを神は既に知っておられた。モーセは、神が与えようとされる仕事をなんとか逃れようとして「わたしはもともと弁が立つ方ではありません」と言い訳をした。

それに対して、神は、「あなたにはレビ人アロンという兄弟がいるではないか。…その彼が今、あなたに会おうとして、こちらに向かっている。あなたに会ったら、心から喜ぶであろう」と言われ、アロンがよく話すことを保証された。

神はさらに言葉を続けられる。「わたしはあなたの口と共にあり、また、彼の口と共にあって、あなたたちのなすべきことを教えよう。彼はあなたに代わって民に語る。彼はあなたの口になり、あなたは彼に対して神の代わりとなる」。

事実、神の計画はうまく行った。エジプト脱出とそれに続く行程を通じ、アロンとモーセは共同して、新しい国民を導いた。

☆外部専門家より事情に詳しい内部意見を重んじるほうがよい

事業において、人生のその他の面においても同様であるが、わたしたちは、専門知識を外部の人々に求めがちである。わたしたちは、今月の流行や今週のうまい手とされているものを探す。しかし、本当のところ、最善の助言は、すでに内部の一員であるものから得られることが多い。神は、モーセに外部の専門家や、ファラオの宮廷の報酬の高いコンサルタントではなく、自分の兄弟を利用するようにされた。事情をよく調べるならば、神の選択の知恵を理解することができる。

すなわち、アロンはモーセの経歴を知っている。アロンはまた、モーセの使命の大きさ、モーセの最大の難関はファラオと対決することではなく、モーセに従うようイスラエルの子らを説得することであることを知っていた。モーセは、アロンに、チームの一員として動くことを教える必要がなかった。

アロンは、家族の一員として既にチームに入っていた。モーセにミディアンの砂漠で会いにやって来るにあたり、最大の挑戦はどこで起きるかを理解していることを示していた。イスラエルの人々を部族から国民に変革する場所は、荒々しい砂漠、ここであり、一連の仮説を検証する実験室内ではないことを知っていた。

アロンは、領域を知っていた。

☆従業員は自分の意見が採用されることを願っている

アロンと同様に、わたしたちが一緒に働いている人々は、その領域を知っている。従業員たちは、ただ、進んで聞いてもらえさえすれば、自分たちの持っている知識を共同のものとし、提案することを心から願っている。直接体験から生まれた従業員の観察・意見は、外部の者の意見よりも洞察に富み、実際的であることが多い。にもかかわらず、組織の構成員に助言を求めることは、新聞のトップ記事になるほど珍しいことなのである。

一九九八年の秋、ロス・アンゼルス・タイムスは、「平職員ビー郡の契約制度について『大胆な手段』を提案」とデカデカと見出しをつけた記事を掲載した。

商品やサービスを売り込みたいと考えている小企業のため、ロス・アンゼルス郡の巨大な官僚組織を、より参入しやすいものにすることを目的としたある報告書のことを聞いていた事業記者のヴィッキー・トレスは、次のように書いた。

「その報告書がユニークなものとなっているのは、毎日毎日、どのようなことが行われているかをみて、もっといい方法があるにちがいないと考えた購入や契約部門の…不満がもとでできたところである」。

担当部門の目からみたとき、最大の問題は、巨大なロス・アンゼルス郡には、契約を扱う標準システムが整備されていないことであった。各部のやり方はまちまちであった。ある見本市で会って、戦争の話を交わした数人の職員は、他の職員にも呼びかけ、ロス・アンゼルス郡契約および購入会議を設立することを決めた。この会議は、郡の手続きを見直して、その合理化を提案することを目標としていた。

この会議は、最初、食品チェーンで高い地位にある民選郡政執行官からの反対に会った。だれが、そうした会議をつくることを承認したか？　郡の手続きを見直すとは一体何者か？　この反対に対し会議の一員であるリチャード・エスピノサは言う。

「我々は、これはするのが正しいことであるという単純な前提に立って行動している、だれかがしなければならないのだ。なぜ、我々ではいけないか？」と。

数年の後、「前進のための大胆な一歩」と題した会議の報告書が完成した。初めは、この報告書は、お偉方から、賞賛の声ではなく、無関心で迎えられた。

それでも、会議のメンバーはあきらめなかった。彼らは小企業助言協議会を設立し、契約手続きの改善を選挙の争点にしていた民選郡政執行官ドン・クナーベの援助を得た。

ついに彼らの報告書は、真剣に受け入れられることになり、メンバーたちが最初に会議をもった五年後の一九九七年十月に、郡は、小企業局を設置した。

郡のすべての契約が公表される中心的な場所ができたのである。小企業局は、契約情報を流すウェブ・サイトを設け、手続きを標準化し、郡を小企業にとってさらにユーザー・フレンドリーなものにしようという会議の活動を引き継いでいる。

合計で三十五人の郡の職員が、会議の報告書作成に貢献した。「我々の報告書は、コンサルタントに依頼すれば報告書作成に数千ドルを支払わなければならないもの」とエスピノサは断言する。

「我々は、郡に少しの負担をかけることなく、自分の時間を使ってしたのだ」。

あなたの企業は、その発展に個人として生活、名誉を賭け、その運営について詳しい知識を持つ「人間資源」に富んでいる。危機に際しては、この資源を使おう。

—外部に目を転じる前に、神が既に備えてくださっているものをしっかりとみてみよう。

26. 全体的展望を見失わないようにせよ

☆心を散らすものに気をつけよう

モーセは、心を散らされるものをたくさん抱えていた。きわめて要求の厳しいボスのことは言うまでもなく、―飲料水と食物の欠乏、不平を絶やさない同国人、仮借ない隣国、常に寄せられる助言の依頼があった。―わたしたちは聞かされることは驚くほど少ないが、モーセには妻と子供があった。

荒れ野の四十年の間、砂漠でただ生き抜くことだけに没頭することができれば気楽であったろう。自分を取り巻く心を散らされるもの、いらだたせるものにもかかわらず、モーセは、倫理的一神教の教訓を教えながら、人々を約束の地に導くという最終の目標を見失うことはなかった。

モーセは、しばしば、失望落胆の状態に陥った。不満の叫びをあげる連中を追い払い、神に導きを願った例は聖書に満ちている。神と霊的に交わった後、モーセは、元気づけられ、また、目的をより明確に意識してイスラエルの人々のところに戻った。

モーセの物語は、精神を集中し続けるためには、リーダーは定期的に群集から離れ、自分の内にある精神の羅針盤に助言を求めるべきことを、わたしたちに教える。

☆氾濫する情報の中で

有名な著述家でコンサルタントのステファン・コヴェイは、今日の事業家が、集中し続けることが困難である原因の一つは、わたしたちが「至急／非重要」な事項にエネルギーを無駄に使っていることによると考える。エネルギーを浪費するのは、至急を要する事項は重要であるように見えるためであるとコヴェイは言う。

電話が鳴る、職員が顔を出す、Eメールが届く、ポケット・ベルが鳴る、ファックスが流れてくる―こうしたものは、たとえ内容がそれほど重要なものでなくても、緊急を要する事柄であるような感じをもたせる。

こうした心を散らされるものの只中においても、わたしたちは、自分を見つめ直すための時間をなんとかつくり出すことが、絶対欠かせない。自分の目標に焦点を合わし直すための時間を取らないならば、わたしたちは、目標を完全に見失ってしまうかもしれない。

問題は、どこに線を引くかである。どのような場合に、あなたは、あなたの時間を要求する人たちの求めに応じ、どのような場合に、それを差し控えるべきか？

モーセは、近づきやすさと距離をおくこととのバランスを取るのに苦労した。モーセが、臨在の幕屋で時間を過ごしすぎると、近づきにくいと非難された。一方、小さなことに力を注ぎすぎると、マイクロ・マネージすると非難された。苦労の末、モーセは、自分が必要とされるのはいつかについて感触を掴んだようであった。いつ介入すべきかを神が教えたのであろうか。それとも、モーセが経営のリズムを自分で学んだのであろうか？

☆情報を取り上げるか距離をおくか

介入するか、それとも距離をおくかをモーセは次の二つの観点によって決めた。

第一に、モーセは人々が自分を尊敬するためには、集団から少し距離をおいておく必要があることに気がついた。モーセは、自分自身を、神としてではなく、徹底して人として見せたが、「連中の一人」として見せようとはしなかった。

最近では、だれもが、ファースト・ネームで呼び合い、社員はだれでもＣＥＯにＥメールできるというように、極端にまで形式張らなくなっている会社が多い。こうした開放性は仲間意識とチーム・ワークの促進を目的とするものであるが、コミュニケーションがあまりに日常化しすぎると、リーダー、およびリーダーのもつ責任に対する尊敬が失われる。経営者として、自分自身の時間をより多く持つため、この境界線を引きなおす必要があろう。

第二に、モーセが、人々の行動に介入するのは、先例をつくろうとするときであった。たとえば、ツエロフハドの娘が自分たちの相続について、モーセに、訴えた場合がその一例である。ツエロフハドは男の子なしで女の子五人を残して死んだ。「男の子がないからといって、どうして父の名がその氏族の中から削られてよいでしょうか。父の兄弟たちと同じように、わたしたちにも所有地をください」と彼女は懇願した。

この問題の解決は、正義とは何かを示す重要な事件であり、将来の世代の先例となるものであったから、「娘たちの訴えを主の御前に持ち出」し、そこで、相続についての新しい法律が宣言された。最初に生まれた男子相続を厳格に定めていた古代近東において、初めて、女性も相続権を持つとされた。

☆あまりに忙しすぎると思ったときは

至急／非重要の仕事で圧倒された場合には、自分自身に次の二つの問いを発してみるのがよい。一つは、わたしは、あまりに何事にも首を突っ込みすぎていないか？二つ目は、この問題は、先例になる、あるいは手本として役立つことになるだろうかである。この一般指針を用いることによって、無駄に使っている時間を自分に取り戻すことができよう。

☆取り戻した自分自身の時間をどう使うか

ひとたび、自分自身をじっくり考える時間を自分のものにすることができたならば、その時間をもっとも有効に使用しなければならない。わたし自身の職業では、自分自身を取り戻すための時間が、仕事の中に自動的に組み込まれている。

―すなわち、わたしはラビとして、聖書を読むことに多くの時間を使うが、聖書は、わたしを再生させ、わたしを軌道から外れないようにさせる。そうしたことは、他の職業にも応用されよう。わたしの知人の憲法問題を主に扱っている弁護士は、憲法を繰り返して読む。同様に、経営者は、自分たちの会社のミッション・ステートメントや設立の趣意書を読みかえしてみるべきであろう。設立趣意書は会社が現在おかれている状態とは、非常に異なる環境において書かれたものかもしれない。しかし、それらを再読することによって、会社の設立者の哲学にもう一度、接してみることができる。

こうしてあなたが得た展望は、あなたの目標についての感覚を新たにし、あるいはあなたが、現在、新しい方向にどこまできたかを知る助けとなる。

ユダヤの伝統には、シムチャット・トーラという聖日があるが、それは、トーラ――すなわちモーセ五書の完読を祝う日である。

わたしたちは、モーセ五書を読み終わるとすぐ、巻物を始めまで巻き返し、また、最初から読み始める。絶えず、聖書を読むことによって、わたしたちは、わたしたちが、大切なものと考える原初の考え方の核に触れ続けている。

この方法は、経営者にとっても、劣らず大切なことである。「教父の倫理」［タルムード経典の中の一章――訳注］に「『時間のあるときに、聖書を研究しましょう』と言わないようにしよう。なぜなら、あなたは、時間があることは決してないのだから」という古い格言がある。

毎日、少しの時間をとって、気持ちを新しくし、全体的展望に焦点をあてるようにしよう。

27. 修復の仕組みをつくれ

☆モーセでも失敗を犯した

モーセは、偉大なリーダーであったというだけではなく、欠点を持った人間でもあったことでよく知られている。モーセは至福に満ちた教祖的指導者ではなく、あるときは怒り、あるときはいらいらと悲痛のあまり手をもみ絞り、あるときは、無私の思いやりを示すというように、気持ちの振幅の大きい、情熱的、感情の激しい人間であった。

イスラエルの人々の中には、モーセを崇拝した者もあるが、その多くは疑いなく、恨み、尊敬、恐れ、依存といった混合した感情を、自分たちのリーダーに対して持っていた。そうしたモーセが、人々の目からみて、また神の目からみて、過ちを犯したことに間違いはない。

モーセはイスラエルの人々を約束の地へと導いたが、その旅の始めの頃に、自分の限界を超えたことがあり、その罰として、神は、モーセが約束の地に入ることを禁止された。カデシュでイスラエルの人々が、空腹で、のどが渇き、（いつものように）泣き言を言っていたとき、神は、モーセに岩の前に立って、「岩に向かって、水を出せと命じなさい」と言われた。気まぐれから、モーセは神の言葉から逸脱した。モーセは人々を呼び集め、「反逆する者らよ。聞け。この岩からあなたたちのために水を出さねばならないのか」と人々をあざけるように言い、杖で岩を二度打つと、水がほとばしり出た。

神はモーセの行動を喜ばれなかった。神は、岩に命ぜよといわれ、岩を打てと言われたのではなかった。奇跡を生じさせる言葉はモーセではなく、神が決められたのであった。これに対する罰は、モーセは約束の地に入ることはできないということであった。

この刑罰を、駐車違反に対して死刑を執行するようなものであると思う人が多いであろうが、この主眼点は、完全で、欠点のない模範はありえないという点におかれている。

完全ということは、大統領の場合にも、会社のＣＥＯの場合にもありえない。人間の条件の中には存在しないのである。

☆完全ということはあり得ない

しかるに社会は、わたしたちはときには誤りを犯すことのある他の人間を扱っているという事実を認めないことがあまりに多い。エントロピーの法則が教えるように、崩壊は避けることのできないものであり、したがって、すべての組織はそれを予測し、また修復の仕組みをもたなければならないのである。

モーセは、シナイ山で神を通じてそうした仕組みをつくった。山の頂上から下り、ただそこに、黄金の子牛を前にした気違いじみたお祭り騒ぎが繰り広げられているのを見たとき、「モーセは激しく怒って、手にもっていた板を投げつけ、山のふもとで砕いた」。神はモーセ以上に怒られ、イスラエルの人々を即座に消し去ってしまおうとされた。人々が神の怒りを免れることができたのは、もっぱらモーセのとりなしがあったからである。

モーセは、「主につく者」以外の者を集団から一掃し、翌日には落ち着きを取り戻し、「お前たちは大きな罪を犯した。今、わたしは主のもとに上っていく。あるいはお前たちの罪のためにあがないができるかもしれない」と人々に言った。

☆誤りは償いをつけることができる

聖書の註解者によれば、この出来事の結果、最初のヤム・キパー〔ユダヤ教の大祭日の一つ――訳注〕、あがないの日が定められた。この祭礼は、神が、友好関係の決裂に備えるため、また過去の過ちを改め前進するための仕組みとしてイスラエルの人々に与えられたものである。

あがないによる癒しの利益を受けるためには、あなたは、悪いことをしたことを認めること、それに対する責任をとること、被害を受けた当事者に直接に謝罪すること、誤りを正すことにコミットすることが要求される。もしあなたが、これだけのことをなすならば、――いかなるあがないも許されないほど、罪が並外れて大きいものでない限り、あなたは、正しいことをしたという心をもって、新しい年を迎えることができる。

ほとんどの誤りは償いをつけることができる。神御自身の手によって刻まれた石の板を砕いたモーセでさえも、第二のチャンスを与えられた。神は言われた。

「前と同じ石の板を二枚切りなさい。わたしは、あなたが砕いた、前の板に書かれていた言葉をこの板に記そう」。

事実、第二の板は切られ、イスラエルの子らは前進を続けた。

☆誤りはどう償うか

「消費者は、人は過ちを犯すものであることを十分に承知している」とアメリカン・オンライン社の社長のボブ・ピットマンがわたしに語ったことがあった。

ピットマンが、一九九七年、会社に入ったわずか数週間後―彼はそれを知っておくべきであったのだが―、ＡＯＬはインターネットの接続料金を時間制から、使用制限なしの月十九・九五ドルの定額制に改めた。すぐに利用者の接続時間は倍増し、今では、伝説になった話中が増加し、「アメリカ・オン・ホールド」のあだ名をもらうことになった。

この大混乱に関連してピットマンは次のように語った。

「我々は人間にすぎない、その人間が人間に製品をつくらせている。しかし、人が過ちを犯したときには、そのことについて、隠し立てしないことを、人々は求めます。人々は、あなたが、『わたしは、わたしたちに問題があったことを認めます。わたしたちがその関係者であったことを皆様に謝罪します。過ちは次のようにして改めようとしています。改める期日はいつまでです』ということを望んでいる。もし、人が、問題を、消費者に対する尊敬の念をもって処理し、本心から詫び、できる限り、迅速かつ熱心に行うならば、人々はあなたを許すでしょう。あなたの困難は、あなたが、事故を隠し始めるときから始まります」。

アメリカン・オンラインは、結果的には、安定を取り戻し、消費者の信頼を回復した。現在では千五百万人の契約者を誇り、さらには、二百万人の契約者をもつコンピューサーヴを傘下においている。消費者の忠誠心を維持するために、人々の声を聴くように耳をすまそうとしているとピットマンはわたしに語った。

「我々が、熱心に聴き、積極的に聴き、絶えず聴くならば、会社が必要とする最新の情報に通じていることができる」と言う。

あなたが過ちを犯したときでも、あなたの顧客に対し、率直であること、好況のときでも、顧客の声にに周到な注意を払っていること。これは、あらゆる経営者にとって有用な助言であろう。

経営者は、大きい小さいにかかわらず、過ちを処理しなければならない。賢明な経営者は、真正面からそれに取り組む。

すなわち、自分たちの過ちを認める、責任をとる、被害を償う。こうして、人々の信頼を回復し、前進を続けるのである。

28. あなたのアイデアは生き残ることを信じよ

☆未来が信じられなければ人は生きていけない

古代の賢人の教えるところによれば、ミリアムという名は、「苦しさ」、アロンは「この妊娠に災いあれ」を意味する。なんと悲しい名であろう。—そしてまた、モーセの両親がわが子の将来について痛切に感じた激しい苦痛を、なんと生き生きと表していることだろう。

しかし、最悪の事態はその後に起こった。ミリアムとアロンがまだ幼かったとき、ファラオは「生まれた男の子は、一人残らずナイル川にほうり込め」と命令して、エジプト人にヘブライ人の幼児を殺す白紙委任状を与えたのであった。自暴自棄になったモーセの父親と母親は、息子が溺れ死ぬことを見る結果となる男の子を産むことがないように、離婚した。

伝説によれば、六歳であったミリアムは、離婚はファラオの行為よりもさらに悪いとして、両親の離婚を非難した。ファラオの命令はただ男の子が生きながらえることを禁止するにとどまるのに、両親の離婚は、女の子供が生まれることをも妨げることになると、ミリアムは論じた。ミリアムは、両親がもとの夫婦の関係に戻ることを納得させ、この再婚からモーセが生まれた。
モーセがいなければ、解放、神の律法の布告、約束の地への長い旅は決してありえなかった。
もし、ミリアムが失意を振り払うよう両親を説き伏せ、建設的な結果を生む可能性への道を開かなかったならば、わたしたちが住むこの世界は、大変違ったところとなっていたであろう。

☆アイデアは生き残るという信念が大切

自分たちが生んだ発案が生き残ることはないだろうという人々の恐れから、捨て去られた価値あるアイデアがいくつあることだろうか？　ほとんどいつの場合にも、新しい物を創り出そうとすることは、望みのない努力であろうという恐れを裏づける「規則」や「証拠」があるものである。

にもかかわらず、なんとかかんとか、新製品、新しいサービスが世に出され、新しい会社が栄える。これら一つ一つの背後には、恐怖を抑え、新しいアイデアを市場に送り出した個人がある―その間終始、それがなんとか生き残ることを祈りつつ。

モーセを生むに先立ち、両親は、自分たちの息子が成年に達するまで生きるチャンスがあると信じなければならない。同様に、あなたが目標を達するためには、社会通念とは関係なく、成功する相当の可能性があることを信じなければならない。

夢を追う十人のだれに事業をどのようにして始めたかを聞いても、「人々は、わたしが気が狂っていると思ったにちがいない。しかし、わたしは兎に角始めた」といつも同じ話を聞くことであろう。

☆パルカの発明

クラウス・オーベルメイヤーはそうした夢追人の一人であった。オーベルメイヤーは一九一九年ドイツに生まれ、みかんの箱でつくった木製スキーで、三才からスキーを始めた。航空工学の技術者を目指して勉強を始めたが、一九四六年にアメリカに移住、アスペンに落ち着き、そこでスキーを教え始めた。

しかしそこには、余りに寒くてスキーができないという一つの障害があった。腰掛けリフトに座っているスキーヤーに寒さを避けさせるための防寒服は、まだ考案されていなかった。なぜなら、当時世界で腰掛けリフトがあるのは、アスペンだけであったから。

「十五分間乗っていなければならないリフトはきわめて寒く、降りてから、暖をとることのできる山小屋までさらに十二分、それから山頂までさらに十二分要した。…わたしは生徒一人につき十ドルもらっていたが、それは生徒が教室にとどまっている限りのことであり、わたしの生徒は減り続けた。なぜなら、余りに寒くてスキーができないのであるから」とオーベルメイヤーは回想する。

ある日、彼は絶望のあまり、母親がつくってくれた羽根ぶとんを細断し、パルカに仕立てた。彼は、自分の寒さよけにそれを着用したところ、それをみた生徒の一人が三百ドルで買おうとわたしの着ているパルカを脱がしてしまった。三百ドルは、一九四七年当時ではちょっとした金であった。

「わたしのドイツの友人の一人に寝具をつくっているものがあった。わたしはその友人のところに行って『その寝具を使って、パルカをつくって欲しい』と言った。彼は、お前は気が違っているのではないか、と言ったが、強いて頼み込み、とうとう、七十五着のパルカをつくってくれた」とオーベルメイヤーは語った。

そのパルカは飛ぶように売れ、オーベルメイヤーは、オーベルメイヤー運動具店を設立し、二重構造スキー靴、高緯度日焼け止め、反射スキーめがね、スキー用ジーンズなど現在ではスキーの標準的用品になっているかずかずの商品開発の先駆者となった。

設立後五十年を経過したオーベルメイヤー運動具店は、現在山岳地帯における唯一の冬季服装主要メーカーになった。オーベルメイヤーは、冬期ほとんど毎日、腰掛けリフトに乗り、スキーヤーと話し、スキーヤーたちが経験したことで、あって欲しくないと思った問題を知るようにしている。

「問題というものはすべて、姿を変えた好機です。…積極的か消極的か、二つの選択がありますが、わたしは、常に積極的を選んできました」と彼はわたしに語った。

☆成功への十の秘密

クラウス・オーベルメイヤーとの会談の数か月後、わたしは「インベェスターズ・ビジネス・デイリー」から切り抜いていた記事を偶然見つけた。この新聞は、「あらゆる職業のリーダーあるいは成功者を分析した」数年にわたる結果から、選りすぐった「成功への十の秘密」を掲載していた。

リストのトップにあるのは、「あなたが、どう考えるかがすべて…常に、積極的であれ。失敗でなく成功を頭に描け。消極的な周囲に気をつけよ」であった。

総じて新しい考えをもつ人々は、嘲笑されるか、悪意のない無関心をもって扱われるが、一方、成功者は総じて、積極的態度をもってとにかく前進する。

現在のアメリカ・オンライン社の社長、ボブ・ピットマンは、ＭＴＶを設立したとき、こうした思いをもったことを、次のように語った。

「わたしには、完全に論理的と思えました。わたしたちは、音楽にもう一つの次元―ビデオ・ラジオ局を加えようとしていました。しかし、ほとんどの人は『それはうまくいかない。音楽は聴くもので、見るものではない』と言いました。幸いなことに、彼らが間違っていました」

ポラロイド・ガラスを発明、続いてインスタント・カメラを開発した後にポラロイド社を設立したエドウィン・ランドは、一見不可能とみられる製品のアイデアを出して、株主を驚かすことを喜びとしていた。

「わたしは、だれもがわたしを信じないような状況に入っていくことを好んだ」とランドは言った。

☆アイデアをもつことは第一歩

人々が信じようとしないということが、ランドをして約束を守らせることを強いた。ランドは助言する。明らかに重要であって、ほとんど不可能な企画でない限り取り組むな」と。――市場を自分で独占することができればさらによいのだが。「だれか他人ができることをするな。

右に述べたような事例、さらに数えることのできないほど多くの事例においても、男性も女性も、数多くの挫折、みかけの失敗を耐え抜いた。

モーセ自身、人々に記憶されているのは、正に彼が自分自身の信念に支えられて、荒れ野の四十年を耐え抜いたということなのである。

よいアイデアをもつことは、千マイルの旅の第一歩にすぎない。

アイデアを信じることが、あなたを約束の地に到達させるのである。

29. チームづくりのための儀式をもて

☆求めているものを明示するための儀式

神が、モーセに語りかけられるのは、律法を定めるか、ある特定の儀式について、詳細な指示をされるときであった。成り行きにまかされる行事は稀であった。軍隊を呼び集める場合の指示を見てみよう。

「銀のラッパを二本作りなさい。…共同体を呼び集めたり、宿営を旅立たせるために用いなさい。二つとも吹くときには、共同体全体があなたのもとに、臨在の幕屋の入口に集まる。一つだけ吹くときには、イスラエルの部族の長である指導者があなたのもとに集まる」。

「あなたたちの国に攻め込む敵を迎え撃つときは、出陣ラッパを吹きなさい。そうすれば、あなたたちは、あなたたちの神、主の御前に覚えられて、敵から救われるであろう」。

「また、あなたたちの喜び祝う祝日、毎月一日には、…ラッパを吹きなさい。そうすれば、あなたたちは、神の御前に覚えられる」。

聖書には、なぜ、こうも多くの儀式があるのだろうか？　それは、人々が、日々の仕事を、ただ行っていくだけの場合には、今日チームづくりと呼ばれているものの無数の機会を失うことになるからである。

簡単なものから複雑なものまで、儀式は、人々に、基本的な価値［ある団体などで重要なこととされていることや善悪の判断基準――訳注］を明確に示し、また、人々のチームへの帰属の意識を確かなものにする一つの方法である。

モーセは、イスラエルの子らを、元奴隷の哀れな集団から、一つの団結した国民に変革する一つの方法として儀式を用いた。

経営者として、あなたも、組織の目指す価値を再確認し、従業員の帰属意識を高めるための手段として、儀式を用いることができる。

儀式としては、たとえば、個人のあげた成果を称えるため、「月間最優秀従業員」表彰制度をつくったり、最高の成績をあげた者に、表彰者駐車場を設けるなどがあるだろう。

儀式は、集団の価値を明確にし、団体精神を生む。

☆儀式と帰属意識

ソフトウエア、システム統合、システム開発、生産支援を含む多様なハイテク・サービスを提供する会社にサピエント株式会社というのがあるが、同社ではチームの成績向上を狙って、儀式を用いている。

一九九一年の設立以来、毎年、売上高を倍増、一九九七年には、その額は九千万ドルを超え、ベンチャー・キャピタルの援助を受けず、大きな負債もない。

そうした業績と並んで、驚異的なことは、従業員の満足度達成における会社の成功である。従業員を募集する場合、採用を決めた応募者の九十パーセントが実際に入社し、離職率は業界で一番低い。

同社の業務のほとんどは、そのつどチームを編成、顧客の会社の現場で作業し、課題が解決されるまでそこにとどまることを必要とする。プロジェクトが完成すると、チームは解散し、他の顧客のもとに派遣され、新しいチームの一員になる。

さまざまのチーム・プロジェクトを管理したジョン・フレイは、なぜ会社が、きわめて効果的に、チームを編成したり、再編成したりできるのかについての奥義を、次のように述べている。

「プロジェクトを始める前に、わたしたちは、強固なチームづくりを目的とした『チームづくり週間』をもちます。この週間の間に、わたしたちは、チームの各員のもっている技能を知り合い、結合力のあるチームを形成するようにさせます」。

このチームづくり週間の間に、各チームは、それぞれ独自の儀式を生み出す。

各チームは、それぞれ、独自のチアー〔チームを声援するため一緒に唱える短い言葉――訳注〕をつくり出す。

「チアーをつくり出すことは、チームの結束をかため、チームのメンバーはエンパワーされたと感じさせます。顧客の会社の現場に行ってからは、会議はチームのチアーで終わることにしています」。

☆チームの会議のもち方

生産性を高めるため、同社が採用しているもう一つの方法は、立ったままで行う会議である。—文字どおりの立ったままということである。チームは毎朝会議をするが、その間、皆立ったままである。「皆が、立ったままだと、何事も早くすむ」とフレイは言う。

チームの会議はまた、チームのメンバーの貢献度を認める場ともなる。

フレイは、次のように回想している。

「あるプロジェクトで、わたしたちは、『つぼみ賞』を始めました。会議後に、つぼみ賞をもらえるメンバーをだれかが推薦します。チームのメンバーが顧客が要求している水準以上のことを成し遂げたり、特に、困難なプロジェクトで突破口を開いたときには、そのメンバーが推薦されます。プロジェクトがある段階に達したとき、つぼみパーティーを開き、全員わたしの家に来ます。わたしは、賞が与えられた理由を書いた黄色の紙片をビールの缶に貼り付けておきます」

チームはビールを飲むために働いたのではない。—自分たちめいめいが仕事を立派にやりあげることを顧客とチームの他のメンバーから期待されていることを実感することにより、エンパワーされたと感じ、また、仕事自体から刺激を受けているのである。

しかし、チアー、会議、里程標パーティーが団体精神を維持するのに役立っているのは事実である。

☆チームと団体精神

サピエント社のやり方が、期待どおりの目的を達成していることを実地に見た一人の目撃証人がある。アンサー・フィナンシャル会社のマーケティング担当の副社長、スティーブ・ロールは、同社の高度のインターネットを開発中のサピエント社のグループをみて、次のように証言している。

「そこには、基底に団体精神があった。…彼らが、与えられた課題をどう考えたかが問題ではなく、彼ら一人ひとりが、チームの評判を落とすことはできないと考えていることであった。彼らの態度は、『わたしが過ちを犯せば、チームの同僚の不名誉になるから、わたしは過ちを犯すことはできない』であった。その点が、サピエント社の従業員を普通ではないと思った点である」

どのような儀式を制定するにせよ、儀式を、必ずあなたの核とする価値と結びつけるようにしなければならない。

モーセの儀式は、神に対する信頼、一般的規則の倫理的側面の重要性への信頼と結びつけられていた。あなたは聖書をつくり直そうというのではなく、あなたの仕事はずっと簡単である。しかし、あなたの儀式は、あなたの信念を形によって表そうとするものでなければならない。

あなたが大切と考えていることをあなたの従業員にはっきり表示し、また従業員に自分たちが帰属していることを、具体的に知らせる方法として、儀式を用いよう。

30. 争いは迅速、客観的に解決せよ

☆集団に争いはつきもの

取締役会におけるクーデターは別に新しい問題ではない。

ファラオと交渉したり、葦の海を二つに分けたり、元奴隷であった扱いにくい部族とときによっては怒りっぽい神との間の苦情処理係など、手に余る仕事があるのを知らないかのように、モーセはまた、公然たる反乱にも対応しなければならなかった。反乱のリーダーはコラという名の男であった。

コラは、自分に賛同する不満分子の集団を集めるのに少しの苦労もなかった。二五〇人のイスラエルの人々と共に、コラは「モーセとアロンに逆らって言った。『あなたたちは分を越えている。共同体全体、彼ら全員が聖なる者であって、主がその中におられるのに、なぜ、あなたたちは主の会衆の上に立とうとするのか』」。

これは、モーセにとって本当に痛苦の瞬間であったにちがいない。そもそもモーセは、その使

命を自分から求めたのではなかった、また、そのときまで長い期間、イスラエルの人々の不平に耐えてきた。モーセの反応は、すばやく決定的であった。

「彼はコラとその仲間すべてに言った。『主は明日の朝、主に属する者、聖とされる者を示して、その人を御自身のもとに近づけられる。すなわち、主のお選びになる者を御自身のもとに近づけられる。次のようにしなさい。コラとその仲間はすべて香炉を用意し、それに炭火を入れ、香をたいて、明日、主の御前に出なさい。そのとき主のお選びになる者が聖なる者なのだ』」。

翌朝の光景は、次のようであったと想像できる。

モーセとアロンは、香を載せた香炉を手に持って、同じく香炉を持った二百五十人の反逆者と共に立っている。

「モーセは言った。『主がわたしを遣わして、これらすべてのことをさせられたので、わたしが自分勝手にしたのではない。それは次のことで分かるであろう。もしこの者たちが人の普通の死に方で死に、人の普通の運命に会うならば、主がわたしを遣わされたのではない。だが、もし主が新しいことを創始されて、大地の口が開き、彼らと彼らに属するものすべてを呑み込み、彼らが生きたまま陰府に落ちるならば、この者たちが主をないがしろにしたことをあなたたちは知るであろう』こう語り終わるやいなや、彼らの足もとの大地が裂けた。地は口を開き、彼らとコラの仲間たち、その持ち物一切を、家もろとも呑み込んだ」。

コラに味方した人たちは、地の穴の中に永久に消え去り、モーセの側に立った人々は生き残った。

疑いなく、あなたは、あなたの権力闘争をこのように決定的に解決したいと望むときがあるだろう！　残念ながら、こうした分かりやすい奇跡の時代は終わっている。しかし、モーセがコラに対決した方法から、あなたは、紛争解決法の教訓を汲み取ることができよう。

☆紛争解決の二段階

モーセの第一の動きは、全員に翌朝、この場所に戻り、争いがどのように解決されるかを見るように告げることによって時間を稼ぐことであった。時間を稼ぐことは、緊張状態にある事態を緩和するすぐれた第一歩であることが多い。

しかし、モーセは解決を長くは先送りしなかった。翌朝までに過ぎない。こうすることによって、コラが既に集めたより多くの支持を獲得できないようにした。

モーセの第二の戦術は、それぞれの立場の理非曲直の判断を外部の第三者に訴えたことである。モーセは、自分自身がずるずる紛争に巻き込まれることを避けた。モーセは、この問題は神が解決すべきことを、すぐに悟った。モーセは神の言葉を解釈する明確な基準を持った。

すなわち、もしコラが生き延びたり、普通の死に方をした場合は、モーセが、神の代弁者としての座を降りる。しかし、コラやその仲間たちが従来から知られていない方法で死んだならば、そのことが、神が、イスラエルの人々のリーダーとしてモーセを選らばれたことを証明する。

この行動計画は、現在でもきわめて有効である。権力闘争が噴き出した場合、短期の冷却期間を要求することは道理にかなったことである。その期間中に事態が沈静しないときは、コンサルタント、調停者、仲裁者など、第三者を呼ぶ。

モーセは「我々の間の争いは神に決してもらおう」と言ったが、あなたの調停者は、神のように万能である必要はない。

調停者が必要とすることはただ、基本的な問題点の理解と、紛争解決の経験だけである。

☆第三者による仲裁の利用

現代の事業経営者は、時間のかかる法廷における闘争よりも、第三者による仲裁が好ましいと考えるようになってきている。

職業的調停者で、カリフォルニア州パサデナのオーガニゼーショナル・エフェクティヴネス・グループの代表者でもあるディアナ・ピーターソン・モアは、関係当事者が共有する目標に訴えるのが、紛争解決の有力な方法であると考えている。

ピーターソン・モアは、映画の制作担当とフィルム撮影後の担当の職員の間の紛争を解決するよう依頼されたときのことを、次のように回想する。

その撮影所は彼女に、この産業に珍しくない紛争を収めることを援助することを依頼した。制作担当の職員が予算を超過させると、撮影後の処理を担当する部門の予算を食い込むことになり、撮影後の処理担当のほうで資金が不足することになる。その結果、予算超過は撮影後の処理を担当する彼らの責任とされる。ある映画について両者の長はいきり立っていた。

「わたしは、二人に、二人が最終的に目標としているところは同じであるという事実に焦点を合わせるようにさせた。二人はともに、収益面から、また、それぞれの専門技術の面からの成功の二つを求めていた。制度が、お互いの対立を招くようにつくられていても、人が、事業全体の目標としているところについて意見を一致させることができれば、制度をうまく働かすように、物事を見始めることができるものである。この二人は、彼らの面している制約と予算の問題点について虚心に語り合い、共通の目標に向かって協力することに同意した」とモアは語った。

☆紛争当事者個人の人格批判は止める

この種の解決は、第三者の助けを借りることによってのみ成功する。数か月も長引いている問題が、一旦、第三者の声が入ると、午後半日で解決できることがある。紛争当事者個人の人物批評を止め、自分たちが面している共通の問題に集中するならば、緊張の多くは消える。

カリフォルニア州サン・ヨゼに住む調停者ラルフ・ラピンは、美容チェーンのフランチャイズを持つ二人の人が、共同経営を解消する決定をした事例を回想する。

問題は、残余財産をどのように分配するかを二人が決定できないことであった。というのは、どちらが事業により多くの努力を注ぎ、利益をあげるのに貢献したかについて合意に達することができなかったからである。

結局、二人は、ラピンを呼ぶことになり、二人はラピンに「わたしたちだけで、過去数か月議論してきましたが、合意に達することができず、だれか他人に決定してもらうべきであると考えました」と話した。二時間後に、双方が満足できる合意に達し、会議室を出た。

コラの事件を迅速に解決するに当たってのモーセの道具は、仲裁であった。それは、今日においても、貴重な戦術である。紛争の泥沼に引っ張り込まれないようにしよう。解決が目的である。あなたの上役が求めているのは、解決である。

上役は、事件の内容を知りたいとは思っていない。詳細を聞くことも欲していない。上役は、あなたがそれを処理することをだけを欲している。

もしあなたが、上役に「冷却期間を設けました。そのあと、外部の仲裁者を呼び、わたしたちで解決しました」ということができるならば、あなたは達人の歩みにならっていることになる。

31. 燃える柴を注視せよ

☆好奇心が原動力

モーセを無名の羊飼いから熱烈なリーダーへ変身させたのは、自然の奇妙なめぐり合わせからである。

モーセが、義理の父親の羊の番をしているとき、「見よ、柴は火に燃えているのに、柴は燃え尽きない。モーセは言った。『道をそれて、この不思議な光景を見届けよう。どうしてあの柴は燃え尽きないのだろう』

主は、モーセが道をそれて見に来るのを御覧になった。神は柴の間から声をかけられ、『モーセよ、モーセよ』と言われた」と、聖書は書いている。

モーセが、もし平素みられないものに気がつかず、それがなにかを観察するために道をそれなかったならば、モーセは、啓示の現れるのを見ることを失したかもしれない。燃えているのに、燃え尽きないという柴は、確かに、ありえない光景であるが、それを見過ごして歩み去ることもできた。

が、モーセはそうはしなかった。道からそれて、それをもっとよく調べようとした。恐怖心よりは、好奇心を持った。モーセは、夢の中のようにぼんやりと歩くことなく、自分の周りを観察した。

☆経営者も燃える柴を探せ

燃える柴のモーセの経験は、あらゆる分野の経営者や起業家にとって、一つの模範として役立つであろう。

「経営者は、発生の確率は低いが、起これば大きな影響力をもつ出来事に注意しなければならない」と、ＵＣＬＡのアンダーソン経営学大学院教授の一人であるモッシュ・ルーベンシュタイン教授は、「組織の世話をする」の共著者の一人イリス・ファーステンベルグと共に言っている。

「モーセは、彼のリーダーシップ（あるいは羊飼いの仕事）とは全く関係のない、はるかに離れた出来事に注意を払った。モーセは、燃え尽きないある物を見た。それは、きわめてありそうでないことである。しかし、もしあなたが、使ってもなくならない材料を発見できれば、巨万の富をつくることができるであろう。

…インテルやマイクロソフトは、成功の確率は低いが、それが実現化したときには、現在は存在しない分野に革命を生じさせるであろうたくさんの燃える柴を買収しようとしてきたのである」。

☆なぜかを問え

わたしたちはだれも、踏みなれた道を歩く道すがら、「燃える柴」—異常な出来事、奇妙な暗合、古い製品の新用途についての気まぐれとも思える発想—に出くわしている。しかし、わたしたちのうち何人が、モーセがしたように、生活を変えてしまうような啓示がわたしたちを待っていないかどうかを調べるために、道をそれるであろうか。

仲介訓練会社バトナ・コムの社長、エリック・グールドは、「矛盾した事柄を疑問に思うことは必要欠かせない。わたしたちは、燃える柴が異常なことであるとみることはあっても、異常なのはなぜかを問わない。しかし、このなぜが大切である。わたしたちは、事象一つ一つが伝えようとしていることを、入念に、真剣に考え抜き、その答を見つける必要がある」と言っている。

☆真の好機は規格化された仕事の外にある

燃える柴がわたしたちに教える教訓の一つは、わたしたちは進んで、自分たちの周囲を見回し、他の人々が見過ごしている好機を試してみる必要があるということである。

グールドが指摘するように、成功した製品の多くは、他の人たちが、無価値のものと考えた物に、新しい可能性を見た人たちによって送りだされたのである。「人造丸太は木の切れ端にすぎない。だれかが出掛けて行って製材所から木片を集め、ライター用液体燃料に投げ入れ、押し固め、包装しただけだ」と彼は語る。

その結果、世界は、一つの新しい製品を得た。他人がくずと見るものの中に黄金をみるということはありそうでもないことのように思えるかもしれないが、それは日常的に起こっている。

シアトルのジョン・ローリーは、黄金ではなく、銅——コパー・リヴァー・キング・サーモンを見た。一九八二年、ローリーは、アラスカのコパー・リヴァー原種の風味豊かな種類の鮭が漁船の船倉に入れられているのに気づいた。そこでは、鮭は、船底にたまる水に漬けられ、その豊かな風味とその値打ちが壊されていた。この鮭は、最終的には、格安の値段で缶詰業者に売られていたのであった。

ジョン・ローリーは、鮭を助けようという独自の運動を始めた。

「わたしは、漁師仲間に、鮭を適切に扱うならば、極上の鮮魚として販売し、漁師たちによい儲けをさせようと説得した」と、ローリーはシアトル・タイムスに語っている。

彼のアイデアは効を奏した。ローリーは、いまでは、それが捕れる五月中旬から六月中旬までの一か月の間の、ほとんど熱狂的と言える需要をさすコパー・リヴァー・サーモン現象の創始者という名誉を得ている。シアトルのあるレストラン、レイ・ボートハウスは、一か月間に三トン売るという事実から、この鮭に対する食欲はどれほど大きいかを知ることができよう。

自分たちの仕事は何か、また、どこに行こうとしているかは分かっていると思いながら、一つの仕事から一つの仕事へと仕事をこなしていくことは別にむずかしいことではない。しかし、わたしたちの真の好機は、規格化された仕事の視野の外——木片の山、漁船の船倉——にある。

偉大さへの道は、自分たちが現在歩んでいる道の先には絶対にあり得ない。大道から外れたわき道、わたしたちの燃える柴にある。

32. 自分の力によって、目を見えなくされないようにせよ

☆神とファラオとの権力闘争

主が燃える柴の中に現われ、モーセの抗弁を無視して、奴隷を解放する主の計画を述べられた後、思いついたように、「しかし、わたしが彼の心をかたくなにするので、王は民を去らせないであろう」と少し別のことを言われた。

この言葉は、多くの読者を悩ませてきた。もし、神が全能で、イスラエルの人々をエジプトから脱出させることを欲しておられるのであれば、なぜ、神は、ファラオの心を和らげられないのであろうか？

この問いに対する答えの一部は、神とファラオとの間の権力闘争に関係する。

「しかし、わたしはファラオの心をかたくなにするので、わたしがエジプトの国でしるしや奇跡を繰り返したとしても、ファラオはあなたたちの言うことを聞かない」と主は言われている。

ファラオがかたくなであればあるほど、神は、エジプト人とイスラエルの人々に、神がファラ

オより力が勝っていることを証明するより多くの機会をもつことになる。王として生きてきたファラオは、災いを、自分個人中心の水準でしか感じていない。エジプトの人たちでさえ、王たちの争いの一つをみるだけで、神の栄光をみていない傾向があった。

「わたしがエジプト人をどのようにあしらったか、どのようなしるしを行ったかをあなたが子孫に語り」なさいと、神はモーセに指示された。十の災いは、権力闘争を永久に終わらせ、また、イスラエルの人々が「わたしをおいてほかに神があってはならない」とすることを確実にするためのものであった。

☆傲慢と孤独のもたらすもの

しかし、ファラオの心をかたくなにしようという神の決心には、もう一つの教訓が埋め込まれている。それは、傲慢と孤独のために、ファラオが支払わねばならなかった大きな犠牲に関するものである。

古代エジプトは、歴史上もっとも硬直した階層秩序で組み立てられた国の一つであった。ファラオは、単なる統治者ではなく、人民にとって神であった。ファラオは、イスラエル人を所有していたばかりでなく、エジプトの男、女、子供をも所有していた。エジプトはそこに住むすべての住民にとって、「奴隷の家」であった。ファラオの権力は余りに大きかったため、その他の分野―建築、言語、芸術、商業―のおけるエジプトの高度の洗練さにもかかわらず、法典を持つことはなかった。ファラオがすなわち法であった。

モーセが最初、主の指示「わたしに民を去らせ」るよう、ファラオに言ったときのファラオの答えは「主とは一体何者なのか。どうして、その言うことをわたしが聞いて、イスラエルを去らせねばならないのか。わたしは主など知らないし、イスラエルを去らせはしない」であった。彼の傲慢が、その最初の日だけでなく、来る年も来る年も、重なる災いの後にも、モーセの言うことを真剣に受けとめることを妨げたのであった。

神が、モーセにもう一度、ファラオの下に行くよう指示されたときには、エジプトは既に、ナイル川の汚染、蛙、ぶよ・あぶ・雹、家畜の疫病の災害を受けていた。そして、そのときには、次にはいなごの災いがあることを警告していた。

モーセがいなごの災いを予告して退出した後、ファラオの家臣が敢えて王の前に進み出た。彼らの神―王に嘆願するにあたって、家臣たちは、おどおどしていたが、死に物狂いの状態であったにちがいない。家臣たちは言った。

「いつまで、この男（モーセ）はわたしたちを陥れる罠となるのでしょうか。即刻あの者たちを去らせ、彼らの神、主に仕えさせてはいかがでしょう。エジプトが滅びかかっているのが、まだお分かりになりませんか」。

☆力をもちすぎたトップは会社を滅ぼす

ここに、わたしたちが学ぶべき教訓がある。

傲慢なリーダー、因習に囚われたリーダー、周囲の事情から切り離されているリーダーは、国が滅びかかっていることに気がつかない。余りに力を持ちすぎるリーダーは、自分自身の社会を破滅させることが多い。

モーセがファラオから学んだこと、また、成功しようとする経営者すべてが心得なければならないことは、リーダーが周囲から隔離されればされるほど、傲慢になればなるほど、全体的な展望をはっきりと把握すること、また合理的に行動することが困難になるということである。

最近の歴史は、余りに傲慢であったため、自分を取り巻く環境が見えなくなった人々や産業の事例に満ちている。もっとも悪名高いものに、デザインがよく、燃費の低い日本の車のアメリカの大衆に対する訴求力を完全に判断誤りした、アメリカ自動車三大メーカーであろう。

アメリカのメーカーがまどろんでいる間に、トヨタと日産は、橋頭堡を築き、市場占有率を奪い取ってしまった。

☆富と権力は人の目を見えなくさせる

富や権力によって孤立させられた場合、個人もまた、同じく危うい。

一九九二年の大統領選挙戦のとき、ブッシュは、全国青物協会の大会を訪れ、模擬勘定台で、バーコードリーダーをみて驚嘆した。翌日のニューヨーク・タイムスの伝えるところによれば、ブッシュが、牛乳の一コート容器を走査し、キャッシュ・レジスターに表示された値段を見たとき、ブッシュの「顔に驚きの表情が一瞬表われた」。

同紙は「食料品店の中には、早くも一九七六年に電子走査器を使い始めていたものがある」と読者の注意を喚起していた。その夜までには、全米いたるところのアメリカ人は、ブッシュ氏が、いかに普通の市民の生活からかけ離れたところにいるかを知った。

このことは、ブッシュの信頼性を大きく傷つけた。

よくあることであるが、経営者は権力や管轄分野を増やすことに時間を使うが、そのもう一つの面―傲慢と孤立―に意を用いないことが多い。特に、起業家は、自分がゼロから始めた事業の管理権を他人と分かちもつことに抵抗する。確かに、他人と意見を調整する苦労をしなくてすむならば、事を運ぶのはやさしくなる。

しかし、一人で事を運ぶ場合には、急速に変化しつつある物事に盲目にされるという危険を負うということである。命令を発するだけでなく、あなたのチームに耳を傾けることは、仕事をやり上げ、また成功するために必要な情報を得る唯一の道であることが多い。

☆喋り続けるより人の意見を聞け

カリフォルニア州パサデナにある、オーガニゼーショナル・エフェクティヴネス・グループの代表ディアナ・ピーターソン・モアは、全国的に会社向けに、管理職訓練および斡旋をしている。モアは、権力をもつ立場にある人々は、自分たちの部下から、正直なフィードバックを得ていないことが多く、それが管理者が陥りやすい権力がもたらす盲目化の一因をなしていると指摘する。

モアは、その事例を次のように語った。

「ある主要メーカーの販売・商品化企画部門の長の全角度からの評価を依頼されたことがありました。この人は、大変、創造的、頑健でしたが、粗野で、怒りっぽい人でした。部下たちが、あちらこちらで退職し、また、この人自身も従業員をたびたび解雇していましたが、それが自分と関係があるとは思ったことがありませんでした。

調査結果報告を見て、その人は、問題はいつも自分が喋り続け、意見を求めることが全くなかったということに気がつきました」。

「不幸なことに、この調査報告が出るまでに、事態は取り返しのつかぬほど進行しており、会社はその人を解雇しました。問題は、長期にわたって人が不親切で、相手を見下ろすような態度をとったり、粗野である場合には、人は変わったようにみえても、回りの人が信用しないことです。わたしが追跡調査をした際、職員の一人は『きっと、そうなると思っていました』と言いました。もし彼が、もっと早くに気がついておれば、周りの人たちの信頼を取り戻せたでしょう。実際のところは、彼は、余りに大きな苦痛を余りに長く与えすぎました。それで、上級経営者は、解雇すべきだと思ったのでしょう」。

いかなるリーダーも、ファラオの役割を演じることができるほど強力ではない。エジプトの王に勝ったモーセでさえ、「この地上のだれにもまさって謙遜であった」と聖書に描かれている。

モーセは自分を人々の上におくどころか、進んで人々の意見を聞き、しばしば助言に従った。モーセだけが、神と顔をあわせて話すことができたが、彼は、神からだけ聞くのではなく、人々から聞くだけの賢明さを持っていた。

33. 創造のため休止期間を設けよ

☆休日はなぜあるのか

一週間七日休まずに働かせても、社員の生産性がそれだけあがるということにはならない。事実、それは、社員を消耗させるだけである。

安息日が神にとって非常に重要であったのは、それが理由である。神は、命令によってあるいは模範によって、休息し、高い次元のことを瞑想するため、一週間に一日、すべての仕事を止めることを、モーセとイスラエルの人々に示された。

十戒の第四番目は、「安息日を心に留め、これを聖別せよ。六日の間働いて、何であれあなたの仕事をし、七日目は、あなたの神、主の安息日であるから、いかなる仕事もしてはならない。あなたも、息子も、娘も、男女の奴隷も、家畜も、あなたの町の門の中に寄留する人々も同様である」と命じている。

言いかえれば、だれにでも、一日の休息の権利が与えられている。

☆創造のための休息

「きわめて有能な人の七つの習慣」というすぐれた書物の中で、ステファン・コヴェイは、「のこぎりを研ぐ」習慣について書いている。この言葉は、定められた時間内にどちらがたくさんの樹木を伐採できるかを競った二人の人の話に基づく。一人の人は、一時間ごとに、のこぎりを研ぐために、伐採を中断した。もう一人の人は、その人を見、「なんで休んでいられるのか、時間が限られているのを知らないのか」とあざ笑った。最終的には、のこぎりを研ぐために、伐採を中断した人が、たくさんの木を伐った。

どのような生物も活動と休息の繰り返しを必要とする。

わたしたちの文化は、自由時間のすべてを、なにかの活動で満たそうとする好ましくない傾向をもっている。週八十時間働いていないならば、くつろぐためになにかをすることが期待される。

ロス・アンゼルスにあるわたしの家の近くにスポーツ・クラブがあるが、その立看板には、タイトのジム着を着け、大きな赤いボクシング用のグローブをはめた魅力的な女性が描かれ、説明には「あなたが死んだときに休息できる」とある。人は急死するまでパンチを浴びせ続けるべきとは楽しい考えであるが、わたしは個人的には、わたしの人生は、もう少しバランスを保ちたいと考える。

バランスが安息日のすべてである。週のうち六日は、自分の仕事や雑用に気違いのように走りまわるが、一日は、人生やその根源について考えるためにとっておく。一週のうち一日は、物事がただあるがままにさせておくことができる。

もし、わたしの宗教が土曜日を休日にすることを命じていないならば、そこにちょっとした仕事や二、三の走り使いを割り込ませたいという誘惑にかられることを、わたし自身が分っている。―そしてすぐに、わたしは二十日ねずみの車輪のような永久運動に戻っていることであろう。そうした理由から、わたしにとっては、一日の休息をとることを必要とする信仰を持つことは、有益なのである。

同様な力学が職場においても同じような行動様式を取らせるように働く。企業の文化がこうした行動を助長するならば、小休憩を無視したり、昼食を事務机でかきこむことは従業員にとってたやすいことである。そのようなことではなく、従業員に、小休憩をとり、昼食に適切な時間をとる必要性を力説するべきである。

さらに進んで、経営者の中には「創造的休止」を日々の出勤日の一部に組み込む文化を育成助長している者もある。

☆仕事が楽しくなければ

コロラド州アスペンのオーベルメイヤー・スポーツ店の職員はすべて、スキーヤーまたはスノウボーダーで、創立者のオーベルメイヤーは、従業員に毎日、スロープに出るか、他の運動をすることを奨励している。「人生を最大に楽しむためには、仕事が楽しくなければならない」と彼はいう。オーベルメイヤー自身、日に一時間は、テニス、水泳、スキーをするとわたしに語った。彼自身が、従業員の中に見たいと考える行動、すなわち生きる歓び、仕事ばかりでなく遊びを面白く味わうことのモデルとなっている。

オーストラリアのマクドナルドの会長である、事業家・起業家のペーター・リチイは、仕事――家族のバランスの重要さについて、次のように情熱的に説く。

「仕事と生活のバランスはきわめて大切である。もし、あなたが、これを区別できないならば、あなたは、だれにとってもあまり役に立たないであろう。あなたは、家族からみれば、正しいことをしていない。あなたは仕事に注ぎ込む時間は善であるという振りをしているにすぎない。誤解をしないで欲しい、もちろん、懸命に働くことや努力は必要欠くことのできないものであるが、仕事のほかにもなにかがあるのだ。物事がどのように進んでいるかを考えるための時間をとらない人、計画なしにレースを走る人、時間を少しでも長くと仕事に注ぐ人は、精神の平衡を欠くため、情緒不安定である。体力・気力を使い果たしたときには、人は粗末な仕事しかできないものである」。

☆小休止を奨励せよ

経営者として、あなたは、創造のための小休止の価値が明確にする企業文化をつくり出すことによって、従業員がバランスのとれた生活をすることを援助すべきである。

従業員が本当に精神的感情的負担で苦しんでいるとき、電話で病気欠勤を届けさすようなことをするな。

昼食時には、建物の外に出て、草花（もしあれば）の香りをかぐことを奨励せよ。なかんずく、あなた自身が人間性のモデルになれ。鈍くなったのこぎりで木を伐っている男を記憶せよ。—あなたが求めているのは、のこぎりを挽く行為ではなく、伐採された木の量である。

自分自身にまた、あなたの部下に、全く仕事をしていない時間を容認することによって、あなたは、最終的には、よりよい結果を得るのである。

☆集中と遊び

科学史は、偉大な発見は、強度の集中の後に遊びとくつろぎが続いた場合になされたという話に満ちている。アルベルト・アインシュタインの伝記には、相対性理論と苦闘し、あきらめ、親しい友人と森に散歩に出かけたときのことが書かれている。

彼らがそぞろ歩きをしながら、研究のことを喋っているとき、突然疑問がすべて氷解した。アインシュタインは、その突然の想いにつきが記憶から失われる前に、書き記すことができるよう研究室に走り帰ったと友人は伝えている。

神は、イスラエルの子らに六日働いて、一日休むように命令された。あなたが、あなたの部下に、回復のため日々どれだけの時間を割り当てるべきかを測る尺度として、一対七の比率が適切であろう。始終忙しくしているということは、人生の最終目的ではない。

活動と休息、努力と元気回復のリズムをつくり出すことによって、あなたはよりよく目標を設定し、かつ、その目標を達成できるであろう。

34. 独りで重荷を背負うな

☆燃え尽き症候群に気をつけよう

モーセがイスラエルの人々と旅を始めて二、三か月もたたないうちに、その仕事は彼を圧倒し始めたが、多くのリーダーと同様、近づく燃え尽きに気がつかなかった。モーセに注意信号を示すには、外部の者――義理の父親エトロ――を必要とした。エトロは、シナイ山への旅に加わるため、モーセの妻ツィポラと二人の息子を伴ってやってきた。このグループは、イスラエルの人たちが宿営するためとどまっていたレフィデムでモーセに追いついた。

エトロたちが到着した翌日すぐに、エトロは、危険な光景を見た。すなわち、モーセは夜明けから日が暮れるまで人々に囲まれ、辛抱強く人々の間の争いを解決し、また、一人ひとりに律法や神の教えについて助言をしていた。

エトロはモーセに言った

「『あなたが民のためにしているこのやり方はどうしたことか。なぜ、あなた一人だけが座に着いて、民は朝から晩まであなたの裁きを待って並んでいるのか』
…『あなた自身も、あなたを訪ねてくる民も、きっと疲れ果ててしまうだろう。このやり方ではあなたの荷が重すぎて、一人では負いきれないからだ。わたしの言うことを聞きなさい。助言をしよう』
…『あなたが民に代わって神の前に立って事件について神に述べ、彼らに掟と指示を示して、彼らの歩むべき道となすべき事を教えなさい。あなたは、民全員の中から、神を畏れる有能な人で、不正な利得を憎み、信頼に値する人物を選び、千人隊長、百人隊長、五十人隊長、十人隊長として民の上に立てなさい。平素は彼らに民を裁かせ、大きな事件があったときだけ、あなたのもとに持って来させる。小さな事件は彼ら自身で裁かせ、あなたの負担を軽くし、あなたと共に彼らに分担させなさい。もし、あなたがこのやり方を実行し、神があなたに命令を与えてくださるならば、あなたは任に堪えることができ、この民も皆、安心して自分の所へ帰ることができよう』」。

☆経営者としてあまりに忙しすぎると思ったときには

モーセとエトロの会話から、経営者として、あなたは三つの重要な教訓を学ぶことができる。

第一、全部自分でやるな、やろうと試みることさえするな。有能な人を見つけ、その人たちに、真の責任をもたせ。

第二、あなたの属している組織が成長するに伴い、あなたの業務が増え、自分一人ですべてを処理しようとして苦闘している自分を見い出した場合には、あなたの事業がどのように組み立てられているかを広く、詳細に検討せよ。大きな戦略的な問題を無視して、日常業務の細部をマイクロ・マネージする「創立者の罠」にはまるな。

第三、だれかが、よい忠告をしてくれたならば、それに従え。モーセがしゅうとの忠告を受け入れたのであれば、あなたはおそらくだれの忠告でも受け入れることができよう。

あなたがもし権限を委譲しないならば、あなたの人生のどこかが必ず損なわれる。たとえあなたの会社が栄えても、あなた個人の家族関係はうまくいかない。仕事の時間を減らすようにモーセに迫ったのがエトロであったことは偶然ではない。

―エトロは、自分の義理の息子が、ツイポラや子供たちと共に過ごす時間がなくなるほど疲れきらないようにしたかったにちがいない。

もっとも精力的な企業家であっても、成功するためには、権限を委譲しなければならないという事実にいつかは直面することになる。

☆権限をどう委譲するか

ウエスタン・インターナショナル・メディア社の創立者であるデニス・ホルトは、「精力的に活動する」という言葉ではとても言い尽くせない人である。一九六九年に、小広告代理店が大広告代理店に対抗できる力をつけるため、経営資源を共同利用するため広告媒体購入機関〔新聞・雑誌・TV・ラジオなどの紙面をまとめて購入し、代理店に再販売する業務――訳注〕を夢見て、ロス・アンゼルスに店を開いた。

ホルトは、有名なピンクス・ホットドッグの道一つ隔てた向かいの事務所に看板を掲げた。

一九九四年には、既に米国最大の独立広告媒体購入機関になっていたウエスタンは、インターパブリック・グループ・オブ・カンパニーに五千万ドルで買収されたが、世界市場への進出を図るために買収に同意したホルトは、社長としてとどまり、相変わらず一週七日の仕事を続けた。

競争相手にいつも油断ならないと思わせるために、ホルトがとった方法が、ホルトの仕事の倫理を、如実に物語っている。

「わたしは、車を競争相手に見えるように駐車させたものです。だから、競争相手は、その従業員に『土曜日の朝、彼の事務所のそばを通ったら、ホルトはそこにいたよ。ホルトはいつもそこにいる。もうたくさん』と言ったものです。競争相手をいつも、いらいらさせておくことは心理的に大切なことです」。しかし、仕事へのこれだけの傾倒は犠牲なくしてはありえなかった。

「それが、離婚の原因でした」とホルトは認めた。

ホルトに自分のリーダーシップのスタイルをどうみるかを質問したとき、ホルトはそれを、「禍のもと」と評し、「わたしは何でも自分でやる性分だった。わたしは、権限の委譲はしなかった。わたしは、人に任せる男ではない」と続けた。

しかし、最近になって「権限を委譲しなければならなかったのだ」と白状。一九九六年には、ホルトは、仕事の重要部分を思い切り委譲し、最高業務執行責任者のミカエル・カッサンを社長に昇任させ、自身は、最高執行役員兼会長の職についた。ホルトはカッサンを「彼は偉大な権限委譲者であり、よい経営者である」と言う。

☆権限委譲とリーダーシップ

カッサンに対するホルトの信頼は、だれの目にも明らかである。二人は、骨身を惜しまないことへのコミットメントを含め、多くの点で価値を共にする。「この会社の二千人強の従業員のだれでも、デニス・ホルトあるいはミカエル・カッサンより勤勉に働く者は、社内にいないことを知っている」とカッサンは言う。二人とも、会社を家庭とみ、家族の相互間の誠実さを最高のものとする。

対談の終わりのほうで、ホルトが媒体購入の分野に経験のない自分を雇ったことにカッサンが触れたが、ホルトは「ミカエルがこの仕事に適しているということは直感であった」と確言した。二人が、核になる共通の価値をもっていたこそ、ホルトは安心して権限を彼に委譲することができたにちがいない。また、デニス・ホルトは、他人から助言を受けることの利益を直感的に理解していたに相違ないと、わたしはみた。彼は「わたしは常々部下に『わたしをわたし自身から守ってくれ』と言っている」と言った。

ホルトとカッサンとの対談の終了後、デニスは、気に入りの引用句のリストを、わたしにくれた。

そのトップにあったのは、次の引用句であった。

二人の石工が、なにをしているかと訊ねられた。

一人は、「わたしは、この石を四角にっている」と答えた。もう一人は、「大聖堂を建設しているチームの一員であると言った」。

デニス・ホルトは、明らかに、チームワークと権限委譲の大切さを認めている。しかし、頁の中ほどに、次の引用句があった。

もしあなたが先導犬でないならば、視界はいつも同じである。

この二つの考え方は両立するであろうか？　両立することができる。権限を委譲することは、あなたが、先導犬の地位を放棄することを意味しない。それはまさに、あなたの荷が軽くなり、あなたの焦点がより鋭くなり、あなたがより精力的になること意味する。

しかし、あなたは、あなたが権限を委譲しようとしている人を信頼しなければならない。

エトロはモーセに、十人の才気煥発の人、十人の筋骨たくましい人ではなく、十人の能力のあ・・・・る信頼のおける人を指名するように言った。

あなたの重荷を分けもって、助けてくれる人を探すにあたっては、仕事ができるばかりでなく、信頼でき、あなたとビジョンを共にする人を探さねばならない。

35. 退社して別の仕事を始める人との結びつきを保て

☆集団を離れていく人にどう対処するか

モーセは、荒れ野の旅の間、人々の団結を保つため、力を行使することをためらわなかった。出発当初は、特に、主は、主の法から逸脱する者に厳しい姿勢をとるようモーセに指示された。安息日に働いていることを見つけられた者は石で打たれ、黄金の子牛を拝した者は滅ぼされ、反逆者コラはその追従者二百五十人と共に、地の中にのみ込まれた。

数千人に及ぶ恐怖に怯える元奴隷を教化する場合、生き残っていくには、こうした厳しい手段がときには必要とされた。

イスラエルの子らが、ヨルダン河の岸に集合、約束の地の征服を準備しているとき、モーセは再び集団から離反しようとする人々に遭遇した。ルベン族とガド族の人々は、おびただしい数の家畜をもっていた。彼らは、ヨルダン河の東岸は家畜を飼うのに申し分のない土地であることを知った。

彼らはモーセのところにやってきて「もし、わたしたちがあなたの恵みを得ますなら、この土地を所有地として、僕どもにお与えください。わたしたちにヨルダン川を渡らせないでください」と言った。

これに答えてモーセは言った。「同胞が戦いに出ようとするのに、あなたたちは、ここにとどまるつもりなのか」。言いかえれば、モーセは、彼らにそれは忘れよといったことになる。ヨルダン川を渡って、カナンを征服することは、四十年にわたる共同の目標であった。いまさら中途でやめさせることはできない。

そこで、ガドとルベンは、次の妥協案を提示した。

「わたしたちはまずここに、群れのために羊の石囲いを作り、子供たちのために町を作ります。しかしわたしたちは、武装してイスラエルの人々の先頭に立って進み、彼らをその所に導いて行きます。

…わたしたちは、イスラエルの人々がそれぞれの嗣業の土地を受け継ぐまで、家には決して戻りませんが、ヨルダン川の向こうで、彼らと共に土地を受け継ぐつもりはありません。わたしたちの嗣業の土地はヨルダン川のこちら側、東側にあるからです」。

要するに、彼らは、自分たちの羊の群れの安全を確保し、家族のために家を作る間だけ、そこにとどまり、それらの確保後は、集団と共に進み、イスラエルの人々が目標を達成するのを援助することを約束したことになる。イスラエルの人々が目標を達成した後は、牧草地を取得するため、元のところに戻りたいということである。

☆組織の生長対個人の生長

モーセは、彼らの計画を受け入れた。初期の頃の公然たる反抗とは異なり、ガドおよびルベンの部族は反抗するというよりは、自分たち自身の運命の自己決定を求めたのであった。彼らは、旅の間、終始忠実であり、自分たちの生活をもっともよく支えるであろう土地に居住するに値した。

モーセは、そうしようと思えば、彼らに永久に行動を共にするよう言い張ることもできたのであるが、それは、おそらくうまくはいかなかったであろう。

モーセは、彼らを集団にとどまるよう強制することはできなかったため、カナンを征服するためには彼らの力を借りるが、その後は、友好的に分かれるという賢明な妥協案を選択したのであった。

事業であれ、非営利団体であれ、組織を超えて成長する個人や一群の人々があるものである。あなたが、そうした人のために、ふさわしい地位を社内でつくり出して与えたとしても、彼らはさらによい地位を求める。

このような場合、彼らは反逆しているのでもなければ、あなたを拒否しているのでもなく、ただ単に、川の向こう側に、緑のより濃い牧草地を見ているにすぎない。ある産業、特にハイテクや通信分野では、社外にチャンスが多く、従業員の中には、起業に飛び込む者があって当然である。

このような場合、あなたは、あなたの事業の活動分野からその人たちを追放することもできる。

あるいは、彼らの専門技術を利用、モーセがしたように、将来利益をもたらすであろう強力な関係を維持することもできる。

コンサルタントとしては、あなたの会社の職員や製品を既に知っている人以上に適当な人はいないのではないか？　また、仕入先として、あなたの会社で原材料を購入していた人以上に有用な人はいないのではないか？

☆デルにおけるサプライ・チェーン経営

デル・コンピュータ会社の会長兼CEOのミカエル・デルは、その著書「一つの産業に大変革を起こさせた戦略・デルからの直接報告」でこの点に触れている。

「わが社の競争相手のうち、どこが一番手ごわい脅威かと、聞いた記者がある」とデルは述べる。

「デルにとっての最大の脅威は、競争相手からやって来ない。それが来るとすれば社内の人間からである。わが社が、大きくなり（従業員数において）、また、複雑化（経営基盤において）するに従い、デルの特徴である企業家精神を維持しようとすることがむずかしくなった。さらにまた、世界的にまで規模が大きくなると、中心チームのエネルギーを維持することは容易ではなくなっている。しかし、わたしの目標はいつも、デルで働く者のすべてが、なにか大きなもの――なにか特別なもの――、おそらく自分たち自身よりもさらに大きなものの一部であるように感じさせることを確保することであった」。

デルが目標としているところ、さらにはこの目標を達成することがいかにむずかしいか、についてのデルの考えに同意する経営者は多いであろう。

ミカエル・デルは、従業員の忠誠心を促進するため可能なこと—従業員持株制度、401K制度ほか—はすべて実施しているが、その著書の大部が、仕入先業者と顧客との関係を築くことに充てられていることに注目すべきであろう。

デルは、従業員を頼みとすると同様に、仕入先とのよい関係をも大変頼みにしている。外部の調達先と強力な関係をもつことに重きをおくことは、従来の経営方法にとって代わるものであり、ここに、退社した従業員との連携を維持することの持つ意味がある。

デル社ではその方法を、従来の垂直的統合の旧式モデルに対し、「仮想統合」と呼ぶ。

垂直的統合の場合は、会社は、ある製品を製造するのに必要な材料、設備などの有形資産をすべて自社取得する。

たとえば、顧客の注文によって製造するコンピュータを消費者に販売するデルのような会社では、コンピュータをつくるのに必要な部品をすべて在庫しようとする。それに対し、デル社は、仮想統合つまり「顧客と仕入先業者との間の情報のパートナーシップをつくるという方法を用いる。そうすることによって、デル社は通常垂直的統合と関連して考えられてきた緊密に統合されたサプライ・チェーン経営の利点を得ている」。

換言すれば、デル社は、部品を在庫することなく、必要になったときにのみ発注する。そうするためには、同社は、仕入先と顧客の間に一体化された関係を深める必要があった。

こうした関係を深めることができたことが、デル社の成功の秘密である。同様に、会社の外部の人々―特に、円満に退社した元従業員―と結びつきを保つことはきわめて貴重である。彼らは、有形の資産と同様に貴重な資産となりうるのである。

☆昔勤めていた会社を買収する

場合によっては、元従業員は、昔働いていた会社の救世主になることがある。

現在六十四才のボニー・ワットは、十六才のとき予備の職人として働き始めてから四十八年の後、最近になって南カロライナ州ヨークにあるロック・ヒル・印刷・仕上げ会社を買収した。

ワットは学校をドロップ・アウト、両親が引退生活に入るまで働いていた同社で働き始めた。工場で二十八年働き続け、「一組の機械を備えた小企業にでも、市場の隙間がありえるだろう」と考え、現在では年間二〜三百万ヤードの織物の仕上げるまでになったヨーク印刷・仕上げ会社を設立した。

ワットは、自分の古巣である工場が閉鎖されると聞いて行動を開始、政府保証の資金を借り入れ、ロック・ヒルを買収した。「わたしは、中には七十歳あるいはそれ以上の年齢の元従業員を雇うことになります」と語った。

モーセは、組織の成長以上に成長した人々は理想的なパートナーになりうることを知っていた。土地を求めるガドとルベンの願いを許す前に、「子供たちのために町を建て、羊のために石囲いを作りなさい。しかし、あなたたちが口に出したことは実行しなさい」と彼らに言った。

それと同じように、もし、有望な従業員の集団が退職を願い出たとき、彼らにとどまるよう説得できない場合は、その人たちを祝福せよ。そして、できるかぎり長く彼らの専門的技術を利用せよ。

彼らが、自分たちの会社を設立したときには、彼らと提携せよ。

こうすることによって、彼らを丸っきり失うことに代え、あなたの組織がよって立つ関係を強化することができる。

36. 追放生活を自分を造り変えるのに利用せよ

☆自らを逆境においたモーセ

追放という言葉は、人を怯えさせる言葉である。追放されるということは、投げ出されること、親しいもの、安楽なもの、すべてから切り離されることである。

聖書が印象深く書いているように、追放は「異国にいる寄留者」である。

モーセはメディアンに流浪の身であった頃、長い年月、余所者のような感じをもった。初めての息子を、「寄留者」を意味するゲルショムと名づけさえした。彼の不安にもかかわらず、モーセを神のミッションとなるにふさわしい男にしたのは、異郷の生活であった。異郷の生活は、モーセを、焦点の定まらない反逆者から、誠実な羊飼いに、ついには情熱的なリーダーに変身させた。

モーセがエジプトから逃亡したのは、ヘブライ人を打ったエジプトの監督を殺したからであった。そうした残酷なことを見たのは始めてのことではなかったが、それに対抗して行動したのは、これが最初であった。一つの線が越えられたのである。―彼は、もはや、奴隷に対する不法を許容することができなくなった。とは言っても、モーセは一人の奴隷を守ることをいとわなかったが、六十万人の奴隷を率いて王に反抗するだけの用意はなかった。

おそらく当時、監督を殺すことは自己破壊的行為であった。もしかすると、モーセは、エジプトから逃亡することを余儀なくされること、流浪の生活の間に、自分の真実の天職を知ることができるであろうことを知っていたのかもしれない。

カール・ユングは言う。「内面の事態が意識化されない場合には、それは運命として外部に現れる」と。

勿論、モーセは、だれを殺さずとも、自分からエジプトを去ることはできた。モーセは自分から流浪の身におくことはできたのである。

しかし、モーセはそうしなかった。—わたしたちもだれもそんなことはしない。わたしたちが自ら自分を流浪の身におくことをしないのは、わたしたちがつくった安楽な生活を捨てることを欲しないからである。

エジプト人の残酷さを恐れていたモーセでさえ、その文化から自ら進んで自分を切り離すことはできなかった。彼は、押し出されなければならなかった。モーセは、挑戦に応じるよう迫る内面の声に従うか、それとも慣れ親しんだ環境の安楽さにとどまるかという、わたしたち皆が直面する闘いに直面したのであった。

モーセが監督を殺した刹那、モーセが内面の声を聞いたかどうかは、わたしたちは知るべくもないが、その一つの行為によって、モーセが、王子の身分から解放者へと変化する用意のできたのではなかったことは明らかである。モーセは、考え、成長し、新しい技術を身につけ自分の考えを固めるための時間を必要とした。人間のそうした造り変えは、故国の安楽さをすべて捨て去り、自分自身を新しい場所においたときにのみ起こる。換言すれば、流浪の生活においてのみ起こるのである。

ミディアンにおける流浪の間に、モーセは成年に達した。彼は、夫となり父親となり、新しい共同体の中に、自分自身の家を持った。ファラオの宮殿の贅沢さの中に育てられた彼は、今や、砂漠の中で自活する道を学んだのである。

流浪の生活の間に学んだ生き抜く技術のおかげで、モーセは、後年、荒れ野の中を、ヘブライの奴隷を導くことができたのである。

ミディアンで、モーセは、ついには、生涯の使命となる羊飼いとなった。羊飼いの杖は彼のリーダーシップと神の力の象徴であった。追放が、リーダー・モーセをつくったのである。

☆逆境が人を造り変える

現在この追放に相当するのは退職である。―わたしたちを恐怖で満たすもう一つの言葉。あなたの職から放り出される、給料袋の安楽さからの別れ、職に伴っていた肩書きと尊敬からの絶縁、これらはすべて身の破滅のように感じられる。しかし、モーセの場合と同様、追放は、追放がなければ到達できなかったような高みにあなたを達せさせることを強いる。

ラビとしての生活のある時点に、わたしはほぼ八年間率いてきた教会で、職に再任されないということに遭遇した。それはまた、わたし個人とわたしの家族にとっても大きな危機のときであった。わたしの最初の妻は進行性のがんを患っており、息子は六才であった。わたしは、妻の力強い援助によって、宗教と芸術を融合させた新しい教会、わたしが率いかつ管理する新しい教会を設立する決心をした。

七年後には二千人の会衆を持つ教会になった。逆境から生まれた夢は現実化したのであった。

☆人間のもつ回復力

異郷の生活のよそよそしさは、当初は恐ろしいほどである。職を失った人々、他の種の異郷の生活―病気や事故―を経験する人々の中には、意気消沈し、完全に回復することがない人があることは事実である。しかしながら、多くの人は、自分たちに備わっている迅速な回復力に驚く。

ファラオの墓の発掘に関し、次のようなことが語られている。

埋められていた財宝の中に、ファラオが来世の旅に使うための食物があることを考古学者が発見した。一つの実験として、その中の大麦の種をとり、水を満たした壺に投げ入れてみた。驚くべきことに、それは発芽した。数千年も昔の種が生命を吹き返したのである！

わたしたちはすべて、自分たちの奥深くに、再生の種をもっており、その種は、多くの場合、わたしたちが、変化、排除、追放の恐怖に直面したときにのみ、見い出されるのである。

もし、あなたが、異郷の生活の経験があなたをさらに高みに押し上げてくれることを信じることができるならば、その信念は、逆境がもたらす新しい経験から生じる当初のショックを乗り越えていく力になるだろう。

☆親譲りの会社を閉鎖するという悲運を乗り越えて

トム・シャピロは、全米最大のテント販売およびパーティー向き貸出し会社の一つであるアカデミー・テント・キャンバス会社の設立者である。

一九八一年以降、同社は、スーパーボウル、ケンタッキーダービー、アカデミー賞授賞式、アトランタおよびロス・アンゼルス・オリンピック、その他多くの人目を引く催し物にテントを賃貸ししてきた。

トムは、テント事業として事業を始めたのではなかった。

彼は、家業の婦人服製造業を継承することになっていたが、驚いたことに父親は、その仕事から遠ざかるように警告した。「父は、力を入れるにはあまりいい仕事であるとは思っていなかった。事実、父は、それは四輪馬車用のむちの製造業者のようなものだと言った。──もはや、四輪馬車の数は多くはないのであるから──」。

それはともかくとして、トムは、家業を継いだ。しかし、父親の考えは正しかった。徐々に、事業は死に向かった。

「わたしは、事業を閉鎖する責任を持っていた。それは、本当にわたしの生涯でもっとも苦しい経験であった。従業員の中には、わたしの祖父、父親と共に働いた者がいた。その人たちを解雇しなければならなかった」。

在庫を換金し、五十五年の歴史をもつ店の扉を閉めて、シャピロは家に戻って待った。

「会社を解散することによって得た報酬は、わたしに職を提供しようとする人がだれも訪れないことでした！　わたしは、生涯でもっとも苦悶に満ちた三か月を過ごしました。わたしには職がなく、何をしたらいいのか、また、どのように生活費を稼いだらいいかが分りませんでした。しかし、なんでもが、お皿に載せて与えられる一族によって経営される事業から無への変化は、わたしを目覚めさせました」。

その数か月は、シャピロにとって苦しいものであったが、彼は、その数か月に感謝している。

「それは、わたしにとって、わたしを駆り立てる原動力になりました。なぜなら、その数か月がどんなものであったかが頭に焼きつき、そこに決して戻ろうとは思わなかったからです」。

ついに、シャピロは、テントや日よけをつくっている会社に職を得た。

会社のオーナーは、最高の給料を支払ってくれ、さらに重要なことは、将来、その会社をシャピロに譲ることを約束した。

「オーナーは、わたしが基礎から仕事を覚えることを求め、わたしはそうしました。わたしは長時間働きました。わたしは、事業を譲ってくれるという点から、また、テント業を覚えることができるという点から、その地位を失うことができないと思ったのです」。

三年半の後、シャピロはオーナーの下に行き、事業の譲渡について、文書による確約が欲しい旨を申し出た。オーナーは承知したが、数日後、オーナーの依頼弁護士から電話があった。オーナーは約束を取り消したのであった。譲渡はなされないことになった。

☆二度の悲運を通じて

このことは、シャピロが経験した第二の追放であった。再び最悪のときが訪れた。しかし、実は、それは、後になって振り返れば、最良のときであった。ここからわたしたちは、物事は、最初の印象で判断できない、なぜなら、悲観的と思われる情勢は、実は、祝福になりうるから、という一つの教訓を学ぶことができる。

シャピロは共同経営者を募り、アカデミー・テント会社を設立した。この会社を基礎に第二の会社を設立、第三の会社を買収した。元の雇い主が競争相手であることは、シャピロの導火線に点火した。シャピロは言う。

「彼が違約し、わたしたちは会社を新設しなければならなくなったが、わたしが単に彼の事業を引き継いだ場合に比べ、より多くの熱意と意気込みをもっている。さらにまた、自分自身の会社を設立し、その成功のスリルを味わうのは、わたしの人生の大きな経験である。もし彼が、会社をわたしに譲っていたならば、わたしはそうした経験をもつことはなかったであろう」。

あなたの追放が、あなたにとって突然であろうと、あるいはユングが言ったように、運命のように見えるのは、内面の事態であると、気づいていたにせよ、善いことがそこから生まれることを知るべきである。

そのもとはなんであれ、追放は、あなたを寝椅子から放ち、荒れ野に放り出すことを強制する試練である。そこにおいてあなたは自分自身を造り変えることができるのである。

37. 引退戦略を立てよ

☆四十年も前に後継者を選んだモーセ

人生の絶頂にある人々には――二十五歳であろうと六十五歳であろうと――引退するということは、約束の地がそうであったと同様に、遠いものに思われるかもしれない。しかし、あなたが、あなたの組織の存続を願うならば、それは危険な態度ということになりかねない。

モーセは、百二十歳という円熟した高齢で死んだが、彼は、長い間、引退戦略を巡らしていた。申命記には、それを明快に述べたことが次のように書かれている。

約束の地に接するヨルダン川の岸に集合したイスラエルの子らにモーセは「もはや自分の務めを果たすことはできない」と告げ、さらに言葉を続ける。

「主はわたしに対して、『あなたはこのヨルダン川を渡ることができない』と言われた。

…主が約束されたとおり、ヨシュアがあなたに先立って渡る」

「モーセはそれからヨシュアを呼び寄せ、全イスラエルの前で彼に言った。『強く、また雄々しくあれ、あなたこそ、主が先祖たちに与えると誓われた土地にこの民を導き入れる者である。…主御自身があなたに先立って行き、主御自身があなたと共におられる』」。

モーセは百十九歳になってから後継者を探し始めたのではなかった。彼は三十八年前、カナンに斥候として派遣した若者たちが帰ってきたときに、ヨシュアを選んでいる。

モーセが斥候として派遣した十二人のうち二人だけが、カナンの土地を征服することに自信をもっていた。

そのとき以来、モーセはヨシュアをイスラエルの次のリーダーとして訓練をした。しかし、モーセは引退戦略を後継者選びに限っていたのではない。彼は、引退に先立ち、行動計画を準備し、使命に対する徹底した意識を人々に叩き込んでいた。

事業のオーナーは、同様のことをなすべきであり、それは遅いより早い目がよい。

☆自分の死を論じることを避けるな

「どれほどしばしば、あたかもそれが選択できるかのように『わたしが死んだら…』という言葉を聞くことであろう」と「同族企業センター」の創始者、CEOであり、相続の権威でもあるレオン・ダンコは言う。

ダンコによれば、賢明な事業オーナーは、引退戦略を含め、長期の目標計画を、四十歳台から始める。同族企業の生存率に関する統計がその主張を裏づける。第二の世代に引き継がれていく同族企業は三十パーセントに満たない。第三世代まで続く同族企業はわずか十三パーセントにすぎない。

この問題の中心には、創始者が、避けることのできない自分の死を論じることを拒否するという事実があることが多い。

死は避けることはできないが、自分の企業が自分の死とともに墓場に行く必要はないことを弁えているのは、もっとも賢明な事業家である。

ミカエル・ブルームバーグは、オンライン、電信電話、ラジオ、テレビジョン、印刷物といったあらゆるメディアを運営するウォール・ストリートの総合メディア会社、ブルームバーグ合資会社の創始者・CEOである。

「ブルームバーグによるブルームバーグ」という著書の中で、なぜ引退戦略を立てることは常にしておかねばならないことになるかを述べ、「わたしは、階層の如何を問わず、経営者の層の厚さの大切さを力説している。それを欠く場合には、だれかが退職したり、トラックではねられたときなど、組織は無防備な状態におかれることになる。

…わたしが、直接報告経営者について行っている職務成績評価にはすべて次の質問を含めている、『あなたの後継者はだれか？　もし、それがない場合には、あなたは大きな仕事に適しているると考えることはできない。次回に質問したとき、未だ決まっていないならば、あなたはもはや直接報告経営者ではない』」。

ブルームバーグは、自分自身の腕さに幻想をもっていない。

「もし、わたしが死亡、無能力、あるいは引退したときはなにが起こるか？　なにが会社を継続させ、わたしの財産を守り、従業員の雇用を確保し、我々の顧客にサービスを提供するか？

…ブルームバーグのない・・・ブルームバーグに代わるものとしてわたしは何を据えたか？」。

ブルームバーグは、最終的にはだれが後を継ごうとも、自分が去った場合、組織に大きな困難をもたらすことのないように、組織を構成している。

「我々は顧客とは長期の契約を結んでおり、したがって収入の基礎は安定しているから、後継者は、不安なく舵輪を握るに十分な時間がある。

…われわれの従業員は、長く勤務し、わが社の成功に貢献している。わたしに代わる人は、従業員の信頼と尊敬を得なければならないが、少なくとも、彼または彼女はそれをする時間を持っている」。

☆後継者をどう選ぶか

あなたの会社の将来について堅実な計画をもつためには、あなたがそこにいなくなった場合を心に描いてみる必要がある。「それは気持ちのよい仕事ではない」とレオン・デンコは認める。

しかし、それをしておかない場合の損害は甚大であることがある。

もし、あなたが、引退戦略を立てること、後継者の選択を余りに遅らすならば、あなたは、その職に適した最良の人―そのちょっとした行為を待ちあきた、あるいは他の面に関心を抱いてしまったあなたの子供たち、あるいは後を継ぐのにふさわしい従業員を失うことになる。

組織―政党、事業、非営利組織、宗教団体などなんであれ―を創始した人は、多少とも、モー

セが直面したと同様のジレンマに直面する。使命を進展させて行くのにもだれが最も適している
であろうか？

この点に関し、モーセのヨシュア選定はいくつかの教訓を提供する。

第一に、彼はヨシュアと共に長く働き、この若者がその職に適していることに確証をもってい
た。この間、人々は、モーセと共にあるヨシュアを見てヨシュアがモーセの祝福を得ていること
を知っている。

このことは、神がモーセを選んだ事実と重ね合わせてみれば、精神的、心理的な重さを持つ。

第二に、モーセは自分に強く似ない人を選定している。

ヨシュアは、モーセとは非常に異なる個性とスタイルをもった個性的な男であった。

モーセはほとんど神に近い預言者であったのに対し、ヨシュアは人民の出身であり、武将であ
り、生まれつきの楽天家であった。

モーセの大きな仕事は、人々に遊牧民になることを教えることであったが、ヨシュアの仕事は、
人々を遊牧の生活から引き離し、定住の生活を教えることであった。

モーセは、忍耐と信仰を吹き込まねばならなかったが、ヨシュアは人々に戦うことを鼓吹しな
ければならなかった。

時代が異なれば必要とされる能力も異なる。

モーセは人々が面しなければならない情勢を予測していた。そして、昔からもっているミッシ
ョンを保ち、それを新しい情勢においても保持できる人を選んだのである。

百二十歳の年齢で、ヨルダン川の岸に立って、将来を展望しているあなたを想像してみよう。

あなたが大切に思う伝統をだれがもっともよく体得しているか？

あなたの組織についてあなたと同じ抱負をもつのはだれか？

あなたの計画は？

もし、あなたがこうした想像の高台に身をおいてみたことがないならば、今がそのときであろう。

第三部　おきてに従って生きる

イスラエルの子らを約束の地に導いたとき、モーセは、奴隷になっていた人々を解放する以上のことを成し遂げている。すなわち、モーセはユダヤーキリスト教の世界がよって立つ倫理的建造物を創り出したのであった。

四十年間の荒れ野の滞在の間に、モーセが書き下したおきては、現在なお我々が精神的・道徳的な指針の基礎とするものと同じものである。

そのおきては、わたしたちはお互い同士をどのように扱わなければならないかを教え、また、倫理的社会の基準を定めた。それらはモーセの時代と全く同じように、今日も守ることが困難な基準である。

このことは、事業の世界にある者にとってとりわけ真実である。人々が自分の命を的に闘わねばならない戦時には、平時には明白なことと思われた道徳的決定が守りにくいものになる。

職場においては人々は生活のために闘っており、同様なことが起こる。あなたの家族の幸福やあなた自身の出世がかかっている場合には、理論においては明明白白な道徳上の問題が直ちに霧に閉ざされるようにぼやける。

モーセの知恵が心の聖域を提供するのは、正にここである。モーセは、倫理的な生き方のための規則を含む総計で六一三のおきてを定めた。その規則は人間の行動のあらゆる面にわたるものであったが、そのことは現在でも妥当する。第三部では、それらのうち事業に関係する人々にとってもっとも大切なものを提示する。ここに提示する教訓は、経営よりはリーダーシップに関するもの、事業経営の技術よりは、強力な倫理基準のおきて、展開に関するものである。

これらの基準は、事業行動の是非を判断するのに用いられるものであるが、それらはまた日常生活のあらゆる面においても規準になり得るものである。

38.

従業員のために立て

☆神の怒りから人々を守ったモーセ

出エジプト記を通じ、モーセは、解放者、立法者、リーダーとして多くの役割を演じた。しかし、畏敬の念を一番強く起こさせる瞬間は、モーセが、自身を、神とイスラエルの子らとの間に置いたときであった。幾たびも、モーセは人々のために執り成しをした。人々が罪を犯したときでさえ、また、自分の身が危険にさらされるときでさえ、モーセはたじろぐことはなかった。

人々に対するモーセの支持は、断固としたものであり、また絶対的であった。

モーセの最大の執り成しは、黄金の子牛について神が怒りを爆発させたときであった。モーセがシナイ山で石の板を受けているとき、神は、下の砂漠をご覧になり、子牛を中心にしたお祭り騒ぎを見つけられた。

神は、ついさっき、イスラエルの人々をエジプトの偶像崇拝の巣窟から救い出されたところであった。「直ちに下山せよ。あなたがエジプトの国から導き上ったあなたの民は堕落し」た、とモーセに命じられた。

神は、あなたがエジプトから導き上った、あなたの民と言われた。神はこの瞬間、イスラエルの人々が彼の民であること、神が、モーセにこの仕事を命じられたことを忘れられたようであった。激怒して、主は、人々の逸脱のため、人々が自分の民であることを否認された。

「今は、わたしを引き止めるな。わたしの怒りは彼らに対して燃え上がっている。わたしは彼らを滅ぼし尽くし、あなたを大いなる民とする」。

それはモーセの気をそそる提議であった。泣き言ばかりを言う、非協力的なイスラエルの人々を追い払い、神は、モーセ自身の子孫から新しい国民を造ろうとされるのである。しかしモーセは、言下に、イスラエルの人々を擁護し「主よ、どうして御自分の民に向かって怒りを燃やされるのですか」と言って、燃える怒りを収めるよう懇願した。

後、モーセは石の板を再び受けるためシナイ山に戻ったとき、自分の立場を明らかにし、「ああ、この民は大きな罪を犯し、金の神を造りました。今、もしもあなたが彼らの罪をお赦しくださるのであれば（結構ですが）。…もし、それがかなわなければ、どうかこのわたしをあなたが書き記された書の中から消し去ってください」と言った。

人々は罪を犯したかもしれない、しかしその罪は彼らを滅ぼし尽くすほどは大きくない。もし神が彼らを抹殺するのであれば、わたしを抹殺せよとモーセは言ったのである。

神はモーセの人々に対するコミットメントの前に譲歩され、「わたしに罪を犯した者はだれでも、わたしの書から消し去る」とその対象を全員から、罪を犯した者だけと、決定をトーンダウンされた。神に誠実なイスラエルの子らは助命され、国民は生き残った。

このことはモーセのみが、イスラエルの人々のために成し得たことである。

もしあなたがリーダーであるならば、あなただけがあなたの部下に代わって発言することができる人である。それは、少なくとも、偉大なリーダーになろうと思う者にとっては、リーダーシップに伴う高価な代価である。

多くの人はその代価を払わない。多くは、景気の好いときには、贅沢に暮らし、景気が悪化したり、災害が襲ったりした場合には、事業を見限るという快楽を追うリーダーである。

☆灰燼の中から立ち上がる

最近、ある人が自分の従業員に対する義務を尽くしたというだけで、小さな歴史ではあるが、歴史に名をとどめることになった。その人の名は、アロン・フォイアスタイン。

フォイアスタイン家は、一九〇六年からマサチューセッツ州のローレンスにマルデン製材所を所有・経営していた。その製材所は街の真中にあり、千四百人の従業員を雇っていたが、一九九五年のクリスマスの直前、焼失した。その直後、七十歳のフォイアスタインのしたことは、そのときの情況下においては考えられないことであった。彼は工場を再建したのであった。

火災発生後、フォイアスタインが即座にしたことは、従業員全員に二百七十五ドルのクリスマス・ボーナスを支払い、九十日間は、給与と福利厚生費を全額保証するという宣言であった。

次いで、法律や財務顧問は反対したが、工場が一世紀近くあった同じ場所に工場を再建することを決定した。

「ひとたび、従業員の信頼を裏切ったならば、それを取り戻すことはできないと思う。必要とする品質を得ることは決してできない。もし人が、従業員をひとたび、もっとも大切な資産としてではなく、削減可能な経費と同様に扱ったならば、人は、もとの状態に戻ることはできない」とフォイアスタインは、ロス・アンゼルス・タイムスの記者に語った。

災害から一年を待たずに、会社は、灰燼の中から立ち上がった。新しい最高水準の建物が完成、千人の従業員が復帰、続いて残る四百人のほとんども復帰した。

これら一連の事実を報道機関が広く取り上げたため、会社は、数百万ドルにも匹敵する広告を無料でしたことになり、会社の主製品であるポラーテックおよびポラーフリースの販売は、火災以前の状態に戻った。

「火災後にわたしのしたことのすべては、わたしの生涯を通じて維持しようとしてきた倫理基準を守ったということにすぎません。したがって、我々が世間の注目を大きく引いたということは驚きです」と、フォイアスタインはタイムスの記者に語った。

工場の作業員パウリノ・モラールは、次のように語った。

「Aさん（従業員はフォイアスタインをそう呼ぶ）は約束を守ってくれた。Aさんは従業員によくしてくれると信頼のできる人だ。しかし、一人のCEOとして、それが特別変わったことなのだろうか？」。

☆社員の幸福へのコミット

わたしたちの多くは、会社の焼失に対処しなければならないといった事態に会うことはほとんどないであろう。生産を海外に移すといった経営上層部の決定のような破滅的な事態は、我々の手に負えないことかもしれない。

しかし、もっと手近なところでは、従業員の幸福に対する個人的コミットメントを約束できる。イスラエルの子らが黄金の子牛に関して過ちを犯したように、たとえ従業員が過ちを犯したとしても、従業員は経営者が義務を尽くすに値する。

人はすべて過ちを犯す。しかし、人は、最近の失敗によってではなく、それまでにしてきたこと全体によって判断されるほうを選ぶものである。

ウエスタン・インターナショナル・メディア会社のデニス・ホルト、ミカエル・カッサンと対談したとき、二人は自分たちの会社の経営哲学を示す言葉を、次のように交わした。

「忠実であることの大切さはどれほど強調してもしすぎるということはない」と述べ、ホルトが部下に対しても自分と同様の精励を期待する非常な精励家であるとの評判を認めたうえで、さらに続け、「もし、従業員が部屋に入ってきて、『ゴルフをしたいから木曜と金曜に休暇をとりたい』と言ったら、デニスは気違いのようになるだろう。しかし、従業員が入ってきて『母親が病気です』と言ったなら、デニスは『お母さんの看病に必要な時間はどれだけでもとりなさい。会社にできることがあれば言ってきなさい』と言うであろう」と言った。

☆従業員の運命を保証できるのは

退職時の確定退職金と金時計つきの三十年間雇用保証といったことは、若干の例外を除いて、もはやありえないであろう。ある会社やある産業の運命を保証することはだれにもできない。従業員の幸福に対するあなたのコミットメントだけが、従業員のもつ保証である。そのコミットメントをしなさい。従業員はそれに応じてくれるであろう。

「Aさんがわたしたちに頼むことのできないものはなに一つない。わたしは、従業員の一人が彼のためなら銃弾でも受けると言ったことさえ聞いたことがある」と、マルデン製材所の作業員アンジェル・アポンテは語っている。

モーセは、必ずしも、イスラエルの子らを愛するということではなかった。しかし、いったん、イスラエルの人々のチャンピオンになることに同意してからは、モーセは、百パーセントコミットした。人々は、いいときも、悪いときも。「モーセの人々」であった。

あなたは、工場を再建する資金をもっていないかもしれない、また、神に敢然と立ち向かうことができないかもしれない。しかし、あなたが、従業員のために立つならば、従業員は、数倍の忠誠と努力を返すであろう。

39. あなたの部下を信じる人にせよ

☆信念対現実

有能な経営者は、予算や生産予定のバランスばかりではなく、また、大きな問題である信念対現実のバランスをどうとるかを知らなければならない。

あなたの会社の製品、部下、自分自身のもつ技能を信じる必要があることは言うまでもないが、現在あなたの立っている地点がどれほど堅固なものであっても、翌年には、すべてが変わることがあるというのが現実である。疑う者は、銀行あるいは航空機製造業者で働く者に訊ねてみよ。

あなたの部下は皆、わたしたちをめぐる不確実さを感じ取っている。一方、しかし、あなたの成功は従業員の士気にかかっている。従業員が、合併、人員の削減、海外からの競争の話を聞くことがあっても、あなたは、従業員を鼓舞して会社の将来を信じるようにさせなければならない。

モーセもまた、信念と現実のバランスをとり、恐るべき不確実性に面している人々を鼓舞し続けなければならなかった。

イスラエルの人々は葦の海の際に立っていた。背後にはエジプトの軍隊が迫っていた。前面には広大な海が光っていた。地平線上の軍隊の列、急に現れた戦車兵を見たヘブライ人たちはモーセに向かい「我々を連れ出したのは、エジプトに墓がないからですか。荒れ野で死なせるためですか。一体、何をするためにエジプトから導き出したのですか」と叫んだ。

「恐れてはならない。主があなたたちのために戦われる」とモーセは民に答えた。

しかし神は何事もなされなかった。

そして「モーセに言われた。『なぜ、わたしに向かって叫ぶのか。イスラエルの人々に命じて出発させなさい』」。

☆信念が事を成就させる

この瞬間において、人々の信念は究極的に試されることになった。心から信じている人たちは海の中に入って行った。聖書の註解者によれば、最初はヘブライ人のために、壁が開くように海は、二つに分かれたのではなかった。人々は、海がついに二つに分けられるまでは、首まで、顎まで、口まで海水に浸しながら進んだのであった。彼らは信念の塊として前進した。

葦の海が二つに分けられたことは、聖書が描くもっとも驚くべき奇跡の一つである。聖書学者たちは長い間、この偉大な出来事を研究してきたが、現在では通常信じられてきたように、イスラエルの人々は、紅海を渡ったのではなく、おそらくは、海というよりは湿地帯である葦の海を渡ったのであろうということに意見の一致をみている。モーセは水位が浅いことを知っていたにちがいない。また、幾人かは溺れることはあっても、ほとんどのものは渡渉し得るであろうことを信じていた。モーセは、神が、ヘブライ人をただ滅ぼすためにだけ、これほど遠くまで連れてくることはないことを信じていた。

シナイ半島を横切って吹く乾いた風は、葦の海の一部から水を吹き飛ばしてしまうことがあり、モーセがイスラエルの子らを率いて海を渡ったときに、この現象が起こったにちがいない。彼らが対岸に到着しつつある頃、エジプトの軍勢が人々を追って海に飛び込んだ。防具、武器、戦車の重さのため、ファラオの軍勢は湿地に深く沈められた。風が止み、海水が戻った。その水深は浅かったが、エジプト人を溺死させるには十分であった。—古代においては泳げる人はほとんどなかったのである。

葦の海の出来事のすべてを神の手によるもの、あるいはその一部をモーセのタイミングによるものにせよ、それが奇跡であったことに変わりはない。奇跡の一つは、神が、風を強めるときをお選びになったこと、いま一つの奇跡は、前進を支えるだけの信念を人々がもったことである。

あなたの事業において、信念はきわめて大切である。もし、従業員があなたの会社を信じるならば、従業員たちは、会社が直面している危険やうわさによってたじろぐことはない。敵が近づいてきたときには、彼らは進んで、不確実な海の中に前進して行くであろう。

☆企業の活動に社会的意義を見つける

よい経営者は、自分の部下に、個々の仕事の価値についてばかりでなく、会社の目標や製品についての信念を吹き込む。しかし、それにもまして大切なことは、従業員が、信じることのできるものを、会社自体のどこかの面に見い出すことができるようにすることである。

社会的な目標にコミットする非営利組織の場合には、このことは比較的やさしい。しかし、ほとんどの企業は、世界を善いところにしたり悪いところにしたりしない。会社は経済という車輪の一つの歯車にすぎない。従業員の心をより深いところで動かすには、商売の世界を越えて、地域とのかかわりをもつ必要がある。

数年も前、わたしは、能力をもつ経営者は社会貢献のため、どのような行動をとることができるかについて、直接体験を通じて学ぶことができたことがあった。慈善のためのある会合で、わたしは、大恐慌の頃に大きくなり、農産品事業で富をつくったミッキー・ワイズと隣り合わせた。食事が終わって、わたしたち二人は、給仕が、料理を並べた台を片づけ、何百ポンドもの手が付けられていない料理を運び去るのを見ていた。ワイスは物思いにふけりながら、「この無駄、明日までには腐ってしまう」と言った。

ワイスは、松茸輸入担当者として、長く働いていたロス・アンゼルス農産物卸市場で始めた企画のことを話し始めた。ある日、荷役岸壁へ歩いて行く途中、ワイスはホームレスの人たちの宿営所のそばを通ったが、数ブロック離れて、投棄されようとしている苺二百パレットを見た。若干の腐った苺が混入していたため、郡農務省は「食用可、販売不可」としていた。「八ブロック先で、かび臭いパンを裸火で焼いている人があるのに、なぜ、わたしたちは苺を捨てているのか?」とワイスは疑問に思った。

その数か月後、ワイスは余った農産物を全ロス・アンゼルスの慈善団体に分配する分配センターを設立した。ワイスが参加するまでにも、卸業者がときたま農産物を寄贈することはあったが、慈善団体のため、食品を集める単一の中心場所はなかった。人々は埠頭から埠頭へ車を走らせ、集められるだけのものを集めていた。

ワイスは、農産物会社の経営者、埠頭の作業員、高校生のボランティアを組織し、その援助のもと「ワン・ストップ・ショッピング」集貨場［さまざまな品物を買ったり遊びができる場所――訳注］を設けた。

二年後には、ミッキー・ワイス慈善配給機関は、四百の慈善団体に一日四万四千食以上を寄贈するようになった。

一九八九年、ブッシュ大統領は、「飢餓のない世界の達成に向けたワイスのビジョン、イニシアチブ、リーダーシップ」を顕彰して「飢餓を終わらせる賞」を贈った。

ミッキー・ワイスが、このように決断力をもって行動できた一つの理由は、ワイスが食品事業に従事していたこと、―どのような種類の産物が入手できるか、どのくらいの期間鮮度を保っているかを知っていたことにある。

あなたの会社でも、こうした行動を起こす機会はあるだろう。あなたが、地域の学校、収容施設、図書館、地域センターに提供できる用品やサービスはないか？　あなたの会社は、高校生に特別の教育・訓練を提供することはできないか？

あなたの会社が提供できるものを、これといって思いつくことができなくても、地域参加の方法は多い。あなたの会社は、奨学金制度、個人指導計画などによって学校を援助することができる。あなたやあなたの部下が地域青少年育成計画に、近隣の植樹運動に、あるいは会社を代表してがん撲滅行進に参加することもできる。

あなたの従業員すべてに、ボランティア活動に参加することを奨励し、できれば年間一〜二週は、そうした行事にささげるよう計画を立てよう。

進んで、マン・アワー〔一人の労働者が一時間内に仕上げることのできる作業量――訳注〕を犠牲にしようとする会社は、会社が地域に対するコミットしていることを強く表明していることになるのである。

☆信念が現実を動かす

信念は物の世界に影響を与える、信念は物事を起こさせるのである。祈りをささげる人たちは病気の回復が早く、患者のために祈る医者の治癒率が高いことが文献上証明されている。

どのような危機があなたの会社に起ころうとも、もしあなたの従業員があなたの会社に信頼をもつなら、そのの信念が、危機を乗り越える奇跡となりうるであろう。

40. あなたの決定を固く守れ

☆人々は目先のことしか考えない

モーセが最初、ファラオにイスラエルの人々を解放するよう願ったとき、エジプトの王は怒りと尊大な態度で対応した。ファラオは、奴隷を解放することを拒否したばかりか、イスラエルの人々の仕事を倍にした。ファラオは、監督に「この者たちに仕事をきつく」するように命じ、イスラエルの人々に向かって「この怠け者めが。お前たちは怠け者なのだ。…すぐに行って働け。わらは与えない。しかし、割り当てられた量のれんがは必ず仕上げよ」と立腹して言った。

この結果、奴隷たちは、モーセが解放を願う以前よりも悪い状態に置かれることになった。イスラエルの人々の職長は、人々の仕事の量を減らすように懇願したが、その甲斐はなかった。

職長たちが落胆してファラオのもとから退出して来ると、「待ち受けていたモーセとアロンに会った。彼らは、二人に抗議した。『どうか、主があなたたちに現れてお裁きになるように。あなたたちのお陰で、我々は、ファラオとその家来たちに嫌われてしまった。我々を殺す剣を彼らの手に渡したのと同じです』」。

換言すれば、「迷惑だから、もうこれ以上構わないでくれ」ということである。

☆不人気な決定を先送りするな

イスラエルの子らは、最終的には利益を受けるであろうにもかかわらず、自分たちを解放しようとするモーセを呪った。人々は、ファラオと対決しようとのモーセの決心から生じる目先の不快な結果しかみず、モーセがみた長期的な目標をみなかった。

モーセは、全体像を理解せずにまたモーセの行動の結果によって苦しまねばならない人々の不平をものともしないで前進した。モーセは、人々を助けるためにできるだけのことはしたが、神の計画へのコミットメントにおいては揺るがなかった。

強い経営者は、少なくとも暫くはある人々にとって苦しいものになる決定をする用意がなければならない。

モーセの場合では、エジプトの支配に対して反逆するという決定は、最終的に解放されるまでは、より苛酷な条件を課すことになる。

多くの会社においても、経営者は、削減、一時解雇、突然の製品変更を招く決定をしなくてはならないことがある。会社の内外の一般の人々は、普通、こうした決定を理解しようとしない。

しかし、長い目でみて成功するためには、人々の反対・非難があっても、何事も恐れずに立たねばならない。

アドリアン・キャドバリー卿によれば、不人気な決定をなし得ることはまた、倫理的リーダーシップに欠かせない能力の一つである。

世界最大の食品および飲料会社の一つキャドバリー・シュエップスＰＬＣ［公開株式会社――訳注］の社長である彼は、この問題の重要性を強く感じたため、論文を執筆、その論文はハーヴァード・ビジネス・レビュー一九八七年九月号に掲載された。

「倫理的マネージャーは自分自身の規則をつくる」という表題の論文であるが、「生き残るために思い切った行動をとる会社は、進んで困難に立ち向かうことなく徐々にしかし情け容赦なく衰退していく会社よりも、社会的に批判されがちである。困難な決定を延期しようとする誘惑は常にある。しかし、社会の非難を理由に、困難な選択を避けるということは、社会の利益にならない」と指摘している。

☆人々は長期的目標を理解しないものである

エジプトからの解放を求めることは現在のわたしたちには、自明の選択であるように思われるが、モーセがこの提案をしたときには、人々は、モーセは気が違っていると思った。

事実、伝承の伝えるところでは、モーセとその信奉者たちが出発したとき、イスラエルの人々の多くはエジプトにとどまった。その人たちがその後どうなったかの消息は再び聞くことはないが、彼らは、未知の自由に賭けるよりは、既知の奴隷にとどまるという安楽な道を選択したのであった。

わたしたちが先見的な人と考える経営者は、その努力の成果をみるまで、ときには何年もの間、進んで一般社会の軽蔑に耐えた。

ウエスタン・インターナショナル・メディア社の創立者のデニス・ホルトは、「わたしが、小広告代理店の力をつけるため、媒体購入機関の考えを提案したとき、だれからも拒否された。社会の反応は、『それはいい考えだ、続けたまえ』ではなく、『馬鹿げている』であった。一九六〇年代の後半、それを始めたとき、わたしは、パラダイムを変えることをしたという理由から、社会からのけ者にされた。しかし、屈せずにやり通すべきで、批判する人たちを個人的に悪くとってはいけない」と、わたしに語った。

☆人々の反対の中で初志を貫く

わたしは、数年前、出エジプト記を繰り返し読ませられることになった事件に遭遇した。それは一九九二年のことであったが、わたしが約八年にわたって奉仕してきた教会との契約が更新されないことになった。

今は故人となった妻の励ましによって、わたしは、新しい型のシナゴーグ〔ユダヤ教の礼拝場所――訳注〕を発足させる決心をした。理論の上では、わたしを支持する人は多かったが、実際に、わたしが、新しい教会を建てることを発表すると、はっきりとした抗議が寄せられた。

「ロス・アンゼルスにもう一つの教会などとんでもないことだ」というのが、もっともよく聞かれた意見であった。

ロス・アンゼルスにはたくさんの教会があるばかりか、その多くは金曜日の夜にはほとんど空である。来る人がいないのである。わたしの主催する礼拝に出席し続けようとする教会員にとっては、借入金の返済の財政的負担や新しい教会の維持は考えるだけでも、気が遠くなるような難題であった。

「既存の教会を見つけなさい。わたしたちはついて行きます」。

「新しい教会堂をつくろうとしないでください。わたしたちは新しいなにかを必要としません」と教会員たちは主張した。わたしの挑戦に賛成した僅かの人たちは、自前の建物を購入するように主張したが、それでは、多くの人にとって、負担が禁止的なものになることも分かっていた。音楽、劇、芸術、ダンスを通じて宗教を人々に体験させたいという、ユダヤ教への取組み方をわたしは強く信じているため、わたしは計画に固執した。

こうしたことは、従来、ロス・アンゼルスでは試みられたことはなく、それを現存のシナゴーグに接木しようという考えは、あまりにしきたりから離れたものであった。娯楽産業と結びついたシナゴーグが二つあったが、それらはわたしが心に描いているところとはあまりにかけ離れていた。一つは、この産業人のためのクラブのようであり、もう一つは喜劇役者の集会場—一種のどたばた喜劇シナゴーグであった。

わたしが、八〜九年の間実験してきた取組みというのは、人生体験に関連する主題に合わせた礼拝に本格的なパフォーマンス・アーチスト［演技・ダンス・音楽・映像・写真などを通じて一つの考えを表現しようとする芸術様式——訳注］を参加させるというものであった。

結局、劇場所有会社、ネーデルランド・カンパニーの当時の社長故スタン・サイデンを通じ、賃借の集会場所を見つけ、賃借によって、購入代金と大きな建築物を維持する費用を節約することができた。テンプル・シャローム・フォー・アートは、わたしたちの礼拝法に理想的にかなった、優雅なゆったりとしたアート・デコ劇場で礼拝を守っている。

最初は、四百人から五百人の会衆が参加したにすぎなかったが、その数は急速に増加した。今日では、二千人を超える会衆が礼拝に参加、音楽の演奏、演劇による聖書の解釈、地域の才能を持つ人々の芸術活動を楽しんでいる。

あなたは、組織のリーダーとして、あなたが決めた目標に到達するという最終的責任を背負っている。あなたはまた、たとえ、だれもがあなたの計画を支持してくれなくても、危機に際して、賢明な判断ができるだけの広い観点を持つ人である。

☆セントラル・アメリカ号探査の経験

深海探検家のトミー・トンプソンは、一九八六年の夏、自分の決定と人々の意見の対立というジレンマに直面していた。

トンプソンは、百年前に、カリフォルニアの金塊二十一トンと共に沈没した両輪船SSセントラル・アメリカ号の船体を探すチームを率いており、その探査作業は決定的な段階に差し掛かっていた。トンプソンの英雄冒険物語は、ガレー・キンダーによるベスト・セラー「シップ・オブ・ゴールド・イン・ザ・ディープ・ブルー・シー」に描かれている。

探査の重大局面に際し、トンプソンは、沈没した船があると思われる大西洋のある海域を探査するため、海底状況探査装置の熟練技術者を雇った。

探査期間は、天候が変わり、また、器具を返還しなければならない日までの四十日間であった。その間に彼らは、沈没個所と思われるすべての場所の地図を作成、翌夏に沈没船を引き上げることになっていた。

探査を始めて三週間後、技術者たちは、セントラル・アメリカ号にちがいないと思われるものを発見した。技術者たちは、残りの個所の探査を止め、発見した個所に探査を集中し、できれば、翌年を待たずに、この夏に沈没船を調査するよう、トンプソンにしつこく迫った。トンプソンは拒否した。彼は、全海域の地図を必要とすると決めていた。

キンダーは次のように書いている。

「セントラル・アメリカ号が既にコンピュータ上に描かれ、調査を待っていると考えることは、人の心をそそるものであるが、トミーは、有力な手がかりがそのもの自体であると考える財宝探求者の固定観念を避けることを求めた」。

日が経つにつれ、技師長は、トンプソンに対する圧力を強め、カメラを下ろし、近距離から調査するのが最善であると主張した。

トンプソンは、態度を変えなかった。

「彼は、自分の考えが型にはまった通念の示すところとどれだけ違っても、意に介さなかった。彼は既に型にはまった通念と対決してきた。彼は、更に大きなキャンバスに絵を描いていた。彼は、全体的展望からみた真実は別のところにあることを知っていた」とキンダーは書いている。

　調査隊は全域の調査を完成した。果たしてトンプソンが正しかった。翌年の夏、彼らは、ＳＳセントラル・アメリカ号を問題の箇所ではなく、そこから四十マイル南西の箇所、地図上では確率が低いと思われていた箇所に発見した。彼らが地図を完成しなかったならば、さらに一年を空費したかもしれない。そしておそらく沈没船を引き上げる機会さえ失ったかもしれない。なぜなら別の探検隊がその場所に近づいていたから。

　モーセが、自分が率いる人々一般の意見と闘わねばならなかったように、あなたはある日、抗議や最後の審判の日の警告を寄せ付けることなく、あなたの決定とともに一人立っているあなたを見出すことがあるかもしれない。

　あなたの信ずるところを確信するならば、自分の見解を固守せよ。それがあなたの目標に達する唯一の道かもしれない。

41. 専制と妥協するな

☆専制の文化と対決したモーセ

ファラオは、奴隷制度という積極的な加害行為を精神的に支援する一つの文化における神の地位を占めていた。イスラエル人の皆殺しを始めようと決心したとき、「ファラオは全国民に命じた。『生まれた男の子は、一人残らずナイル川にほうり込め』」と聖書は伝えている。「モーセ」という書物で、ジョナサン・キルシェは、この残酷な命令は、「兵士、市民を問わず、すべての善良なエジプト人が市民の義務として参加を要請された国家主催の流血の饗宴」に火をつけたと述べている。

モーセは、一人の専制者ではなく、専制の文化―すべての人がヘブライ人を人間以下の者と見る―と対決していたのである。

ファラオがとうとう弱みの徴候を見せ始めたとき―宮臣たちが奴隷を解放するよう進言した結果、「ファラオは二人に言った。『行って、あなたたちの神、主に仕えるがよい。だれとだれが行くのか』『若い者も年寄りも一緒に参ります。息子も娘も羊も牛も参ります』とモーセは答えた。ファラオは反対した。『いや、行くならば、男たちだけが行って、主に仕えるがよい』」。

モーセは、この取引に応じようとしなかった。男たちのいない間、エジプト人が、女や子供を正しく扱うかについてエジプト人を信用することはできなかったし、奴隷制度の短期間の執行猶予を求めていたのではなかった。モーセが求めたのは、男、女、子供を問わず、あらゆる人々の絶対的自由であった。モーセは、専制と妥協しようとはしなかった。

☆専制独裁を支えるのは大衆である

ファラオが、残酷の文化を代表していると同様、独裁者であれ作業の監督者であれ、近代の専制者は、その行為をひそかに支えている「市民」の支持母体によって培われている。

一九三〇年代において、ユダヤ人の大量殺戮をしたのは、ヒットラーだけではなく、全ヨーロッパに共鳴していた深い反ユダヤ主義に育てられた協力的な市民に満ちた国家であった。ダニエル・ゴールドハーゲンは、その著書「ヒットラーの協力的死刑執行者たち」で、宗教的憎悪の興奮に駆り立てられる場合に見られる全国民による集団殺戮の共同謀議を指摘している。

あなたが、専制者との妥協を拒絶しようとする場合、あなたは、モーセがしたように、一人の人と交渉しているのではないことを十分に理解しなければならない。専制との対決は、あなたを助けようとだれもが待構えている中で、一人のいじめっ子に対抗して立つといった事柄であることは、滅多にない。逆に、あなたは孤立無援の中、職場の同僚、近所の人、あなたの「友人」とさえ、対決しているあなた自身を見い出すであろう。

☆正義を守るために

専制者に敢えて一人で対決した人を探すのに、わたしたちは、遠くモーセにさかのぼる必要はない。そうした人々はいつの世紀にも存在する。

一九九八年、わたしは、第二次世界大戦中「正しく道徳的に行動した外交官」を顕彰するため、特に印象に残った個人の子供たちをヨム・キパー・イーヴに、わたしの教会に招待したことがある。顕彰の対象になった外交官はいずれもユダヤ人ではなかったが、スイス、ポルトガル、日本、スエーデン、オランダ、中国、ヴァチカン、米国、ドイツに及んだ。彼らは、ナチ政権を逃れてくる避難民に、上官の明確に示された命令に反して、ヴィザを発行したのであった。ニュールンベルグ裁判において、わたしたちは命令に従っただけだと抗弁したナチスの官僚とは異なり、これらのつつましい外交官たちは人々の命を救うために不正義に対して立ったのである。

正義を行ったこれらの外交官は、全体で二十五万人のユダヤ人をナチスの手から救った。彼らの物語は、わたしたち自身の小さな闘い――職場で不人気な立場に立つ、教育委員会で意見を遠慮なく言う、規則に疑問を持ち、必要とあれば、それを破る――を闘うようわたしたちを勇気づける。

☆本省の命に反して正義を貫いた一人の外交官

わたしの心の琴線を特に強く打つのは、一人の外交官の物語である。それはおそらく、彼が自分の義務をきわめて明確に見たこと、彼の思いやりに対し彼が支払った代価が余りに大きかったからであろう。

一九三八年、ポルトガルのカソリックの外交官アリステデス・ド・サウサ・メンデスは、フランス・ボルドーの総領事に任命された。翌年、ナチスのヨーロッパ諸国への侵攻に伴い、何千という避難民がボルドーになだれ込んだ。ポルトガルは中立国であったため、ド・サウサの下に、ヴィザの請求が殺到した。ポルトガルに入国できれば、避難民は、ナチスの手の届かない米国、カナダ、南アメリカ、パレスチナに行く乗船券を予約することができる。

しかし、数か月後、ポルトガル政府外務省は政策を改め、領事は本省の事前の許可なくヴィザを発行できないと訓令した。さらに重要なことには、「国籍のある国から追放された」ユダヤ人その他の避難民はポルトガルに入国できないこととしたことであった。

六か月後、ド・ソウサは、倫理的な危機に見舞われた。一九四〇年五月十日、ドイツはフランスに侵攻、何千というユダヤ人が、ド・ソウサにヴィザを懇願するためにボルドーに到着した。彼は、政府に態度を和らげるよう、書簡を書いたが、返事は得られなかった。彼らがフランスから出国できなければ、収容所に送られるであろうことは、ド・ソウサには分かっていた。このジレンマに三日苦しみ、上司からの返事を得られないまま、彼は、行動することを決心した。

「わたしは、この人たちが死んで行くことを許すことはできない。彼らの多くはユダヤ人であり、我々の憲法は、宗教または政治的信条の故に、外国人がポルトガルに亡命することを拒否してはならないと規定している。わたしはこの原則に従うことを決めた。ヴィザを申請する者には、すべて発給する」と宣言した。

ド・ソウサは、職員と二人の息子を呼び集め、二十四時間通してヴィザの発給作業を続けた。一九四〇年の六月十七日から十九日までの三日間に、彼らは三千のヴィザを発給した。息子の一人ジュアン・ポール・アブランシュが語った、この死に物狂いの努力は、わたしたちの涙を誘うものであった。

七月までには、何千というユダヤ人がソウサのヴィザをもってポルトガルに到着した。ここから彼らはヨーロッパを逃れることができた。ド・ソウサのしたことを知った外務省は、彼に即刻本国に帰国することを命じた。帰国の途路、彼はバヨネに立ち寄り、その地の副領事に数千人の避難民にヴィザを発給することを命じ、また、スペインとの国境を越える彼らに個人的に付き添った。モーセがしたと同様に、領事は、避難民が無事到着できるように、外交特権の杖を差し伸べたのであった。

ポルトガル政府は、ド・ソウサの命令違反を罰する行動を直ちにとった。彼は解雇され、その地位、給与、年金を奪われた。解雇を争う裁判の費用は、自分の住宅を売却することによって調達された。続く数年、ユダヤ人の団体は、援助の手を差し伸べたが、ド・ソウサは、決定を覆し外交官に復帰するよう、ポルトガル政府の態度を改めさせることはできなかった。

彼は、一九五四年に貧民のための病院で死んだ。ド・ソウサが、自国で英雄として認められたのは一九八七年のことであった。彼はその後、キリスト・大十字賞およびポルトガル自由賞を授けられ、また、大使の名を贈られ外交界に復帰された。

ド・ソウサは、ドイツの兵士を撃ったのでもなく、ラインランド爆撃隊員でもなかった。これらは英雄的な行為である。しかし、ド・ソウサの話は、わたしたちは、わたしたちが平和時に遭遇する倫理的ジレンマを気づかせる。彼は、彼自身の国の人々と意見を異にし、自分の良心に従うため人々の排斥を耐えなければならなかった。彼には選択は明白であった。

「わたしは、神に反する人々と共にあるよりは、人に反する神と共にありたい」と彼は語っている。

☆現状維持勢力も一つの専制

ウエブスター辞典によれば、専制は一つの「圧制的な力」である。現状維持の力―ボートを揺らさないようにする沈黙の圧力―は二十世紀末に、わたしたちがもっともしばしば遭遇する専制である。

わたしたちは、「敵」と戦うことは滅多にない。

しかし、差別、安全を欠いた労働環境、環境に悪影響をもつ企画、顧客を欺くことになる政策を認容する人々と遭遇する。

アリステデス・ド・ソウサ・メンデスのような英雄を記憶することによって、わたしたちが、こうした悪を告発する勇気―それが大衆に反することを意味しようとも、神と共にある―を見つけ出すことができよう。

42. 正義を守り、その報酬を求めるな

☆正義を守ることこそリーダーの条件

燃える柴のところで、初めて神に出会ったモーセほど、人を導くことに乗り気でなかったリーダーの名をあげることはむずかしいだろう。恐れから顔をかくし、モーセは自分の欠点をすべてあげ、だれか他の人を選ぶように主に頼んだ。しかし、モーセはその欠点を補ってあまりある一つの資格を持っていた。

モーセは、正義に対し情熱的にコミットしていた。彼はその生涯を通じ、だれもしようとしないとき、争いに介入し、争いを止めさせ、一つの立場をとる男であった。

聖書によれば、モーセが成人したとき、育てられた宮廷を出て、「同胞のところへ出て行き、彼らが重労働に服しているのを見た。そして一人のエジプト人が、同胞であるヘブライ人の一人を打っているのを見た。モーセは辺りを見回し、だれもいないことを確かめると、そのエジプト人を打ち殺して死体を砂に埋めた」。

こうして、彼は、ヘブライ人をエジプト人の残酷な殴打から守った。

☆正義の行いは当面は感謝されない

モーセは本能的に弱者を守ったのであるが、「辺りを見回した」という事実は、彼は、その代価を支払わねばならないかもしれないことを知っていたことを示している。

翌日、人々の間を歩いていたとき、モーセは、その代価がなんであるかを知った。

今度は、ヘブライ人同士が喧嘩をしているのであった。「モーセが、『どうして自分の仲間を殴るのか』と悪い方をたしなめると、『だれがお前を我々の監督や裁判官にしたのか。お前はあのエジプト人を殺したように、このわたしを殺すつもりか』と言い返した」と聖書は述べている。

疑いもなく、そのヘブライ人は、モーセが昨日助けたヘブライ人であった。感謝するどころか、奴隷はモーセを恨み、モーセの殺人の噂を広めた。その後すぐ、モーセはエジプトを出ることを余儀なくされた。

リーダーはだれもさまざまな経験を通じて、善い行いは罰せられないことはないということを知る。

アブラハム・リンカーンでさえ、「あの男がわたしを憎む理由が分からない。わたしは彼を助けたことはないのだから」と、言ったと伝えられている。

にもかかわらず、経営者としてあなたは、不正義が行われる場合には、常にそれに抗して立たなければならない。そして、あなたの行動に対し、感謝、栄光、支持を期待するな。

☆首尾一貫した態度を貫くことによって信頼を得る

ほとんどいつの場合でも、どのような態度をとるかをあなたは選ぶことができる。従業員のために立つか、一人で打たれているに任すか。争いを解決するか、黙ってやり過ごすか。不正を油断なく見張るか、見過ごすか。

もし、あなたが抗議の発言をすることを選んだならば、あなたの同僚や部下は、ヘブライ人がモーセにしたように、一時は、あなたに背を向けるかもしれない。しかし、事態はどうあれはっきりとした態度をとれ。それは、倫理上の理由ばかりでなく、実際的な理由にもよる。

不正に対して進んで抗しようとするあなたの姿勢は、最終的には、すべての偉大なリーダーがもつ一つの要素、すなわち、部下たちの信頼を勝ち取らせることになる。信頼というものは積み重ねである。正しいことをただ一回するだけでは、信頼性の十分な証明にはならない。あなたの部下の信頼を得るただ一つの方法は、人がそれを評価するかどうかにかかわらず、常に、一つの態度を継続することにある。

わたしの教会の会員の一人に最近中西部から移ってきた女性がいるが、彼女が大変尊敬している以前の主任のことを語ってくれたことがある。彼女の住んでいた小さな町では、ユダヤ人の家庭はきわめて少なかった。彼女の信仰のことは、彼女が、ユダヤ教のあがないの日、ヨム・キパーに休暇をとりたいと主任に告げるまでは、問題になったことはなかった。主任は喜んで休暇を許可したが、彼女の休暇の噂が仲間の間に広がるにつれ、不平の声が聞こえ始めた。

「他の従業員たちは、わたしがクリスマスがお休みで、そのうえ、『わたしの』の聖日にも休暇がもらえることを不愉快に思ったのです」と、彼女はわたしに言った。

彼女の主任は、すぐに行動した。

「主任さんは、終日祈りをささげまた断食の日としてヨム・キパーがどれほどユダヤ人に大切な日であるかを従業員に説明しました。主任さんは、わたしの信仰を尊重していること、他の従業員もそうして欲しいことを明確にしました。わたしが休日の後、出社した朝、主任さんは快活におはようとわたしを迎えてくれました。午後までには、他の従業員はこのことを忘れてしまいました。わたしのボスは、ただ単に、非寛容に寛容でありえなかったのであったので、他の人たちも忘れ去ったのでしょう」。

「それが主任さんのやり方です。だからこそ、だれもが主任さんと行動を共にするのでしょう。このケースでは、主任さんはわたしの側に立ちましたが、事情が異なれば、別の側に立ちます」と彼女は回想した。

☆依怙贔屓をしない

正しいことの味方をしなければならない場合、モーセは依怙贔屓をしなかった。彼は、エジプトの監督とヘブライの奴隷の間に立ち、次いで、二人のヘブライ人の間に立った。後、彼が流浪の身にあったとき、井戸の辺でメディアンの婦人を、彼女たちを困らせていた盗賊羊飼いの群れから守った。

人種、性別、宗教の別は、モーセにとっては問題でなかった。もし、モーセが同胞であるヘブライ人のみを守ったのであれば、モーセは、彼らに対してのみコミットしており、必ずしも正義にコミットしたのではないことになる。神の計画を成し遂げようとする勇気とエネルギーをモーセに与えたのは、すべての人間に対する思いやりであった。

経営者としてあなたの行動原理は、すべての人に平等に適用されなければならない。このことは、あなたの従業員を越え、あなたを監督する人、顧客、仕入先など、あなたが関係するすべての人に及ぶ。

あなたが正義へのコミットメントにたじろぐとき、あなたへの信頼は破れる。モーセが知ったように、目はいたるところにある。

あなたの行動は、モーセの場合と同じように見られ、討議され、賞され、あるいはののしられる。

しかし、モーセは、正義に対する自分の態度に動揺することがなかったため、神は、モーセに「彼ら（ヘブライ人）は、あなたの声を聞く」と保証されたのである。

43. 厳しさと思いやりをどう使い分けるか

☆モーセはどのようなときに厳しかったか

モーセの思いやりについては、既に十分述べてきた。第一、四十年もの長い間、荒れ野の旅の世話をしたことは言うに及ばず、きわめて思いやりの深いものでなければ、だれが、イスラエルの人々をエジプトから脱出させるようなことをするであろうか？

モーセがもった思いやりに対してほとんど感謝されなかったことを考えると、その思いやりは驚くに値する。自分の率いる人々がどれほど頑迷であっても、モーセは常に神に対して、人々を弁護、ときには、自分の生命を危険にさらしても人々を守った。

しかし、イスラエルの子らが約束の地に確実にたどり着くために、モーセが怒りをもって人々に対し、思い切った方法をとったときもあった。道徳上・信仰上の脱落者に対し、ゼロ容認［規則の小さな違反に対しても法律・罰則を適用する方針——訳注］という態度を取らなければならない場合があった。

その典型的な事例は、彼がシナイ山を下ってきたとき、黄金の子牛を前にして飲み浮かれている人々を発見したときであった。

イスラエルの人々が神の命に従わずに、偶像を拝していることにモーセの注意を神が喚起されたのは、モーセが雲の閉ざされた高い山の中にいるときであった。主は、浮かれ騒いでいる人たちを滅ぼし尽くすと脅されたが、モーセは、「どうしてエジプト人に、『あの神は、悪意をもって彼らを山で殺し、地上から滅ぼし尽くすために導き出した』と言わせてよいでしょうか」と言って、そうした皆殺しに対し、エジプト人がどのように反応するかを神に気づかせ、神を思いとどまらせた。

しかし、モーセ自身はシナイ山のふもとに見たことに対する心の準備はできていなかった。イスラエルの人々は、勝手きままに、踊り、乱痴気騒ぎをし、主が特に禁止された行為にふけっていた。アロンは弱弱しく人々がモーセの留守の間、礼拝するための偶像を求めたので、自分たちのもっている金を差し出すように言い、「わたしがそれを火の中に投げ入れると、この若い子牛ができたのです」と説明した。

「モーセはこの民が勝手な振る舞いをしたこと、アロンが彼らに勝手な振る舞いをさせて、敵対する者の嘲りの種となったことを見ると、宿営の入り口に立ち『だれでも主につく者は、わたしのもとに集まれ』と言った。レビの子らが全員彼のもとに集」まった。

ゼロ容認の瞬間がきた。浮かれ騒いだ人たちは、神をないがしろにし、集団全体の基礎を崩しつつある。モーセは、レビ人に「イスラエルの神、主がこう言われる。『おのおの、剣を帯び、宿営を入り口から入り口まで行き巡って、おのおの自分の兄弟、友、隣人を殺せ』と命じた。レビの子らは、モーセの命じたとおりに行った。その日、民のうちで倒れた者はおよそ三千人であった」。

☆個人への思いやりと集団の利益のバランス

ある日には民の命を救うことを神に乞い、その翌日には、大量の死刑執行を命じる人とはどう理解したらいいのであろうか。ゼロ容認と百パーセントの思いやりは両立できるであろうか？

モーセの生涯の持つ意義、わたしたちがモーセに引き付けられるのは、わたしたちが今日遭遇すると同じような多くのパラドックスをモーセが体現していたことによっている。

モーセが思いやりの深さということで信望を得たことは当然のことであるが、人々全体の利益が危険にさらされたときには、すばやく、非情にさえ行動した。モーセの神への強烈なコミットメントは、彼の同胞への思いやりによってのみ釣り合うのであり、この二つの力がモーセの心に激しい動揺をもたらせたであろうことは疑いのないところである。

モーセは必ずしも、コミットメントと思いやりを調和させることができたわけではなかったが、彼は、それを試みることを止めなかった。

現今のリーダーもまた、会社の目標へのコミットメントと従業員への思いやりをバランスさせる努力をしなければならない。この点に関し、あなたは、ある日辞表を出し、翌日大量解雇を命じるというような、極端に走る必要はない。しかし、あなたは、会社の政策、特に厳しい政策は、できる限り思いやりをもって実行しなければならない。

☆薬物乱用にどう対処するか

今日、経営者が直面しているもっとも困難な問題は、従業員の中にみられる薬物乱用である。飲酒または薬物を用いる従業員は、チームの努力、会社の製品やサービスを傷つける。さらに悪いことには、彼らは、たとえ、間接的ではあっても、他人の生命に危険をもたらす。バスの運転手や航空機の操縦士は酩酊状態にあるときは、仕事に従事することは許されてならないことは明らかであるが、バスのブレーキを修理する者、航空機の制御盤をつくるものも同様であろう。

薬物乱用についてゼロ容認の考えに反するものはないだろうが、実際に、これを強行することはむずかしい問題である。他の点では高く評価されている部下を脇に呼び、二日酔いはゼロ容認であることを告げることは、わたしたちだれもできれば避けたいいやな仕事である。

しかし、正直言って、モーセが山から下りてきたとき、目を逸らしておくことができなかったように、経営者は、薬物乱用の兆候を無視してはならない。経営者は尻込みして、当事者が自発的に止めることを待つことはできない。なぜなら、それは、暗黙の承認のしるしになるからである。

わたしやわたしの知っているほとんどの経営者は、薬物乱用の影響を帯びて職場にくる従業員を抱える。ある調査によれば、世界の非合法の薬物の六十五パーセントはアメリカ人が使用する。アルコール中毒者の九十五パーセントは被用者であり、うち、四十五パーセントは管理者の地位をもつ。したがって、あなたの生涯のどこかで薬物乱用者を扱わねばならないことが必ずある。問題は、それをどう思いやりをもって処理するかである。

心理学者のエドワード・ツエリンによれば、ひとたび、この問題に気づいたならば、あなたは、その個人に正面から立ち向かわなければならない。薬物乱用者の相談相手を二十年以上してきたツエリン博士は、人の行動の変化に最初に気がつくのは雇用者であることが多く、本人に治療を得るよう説得するのに雇用者がもっとも効力を持つことが多いと言う。

「薬物乱用者が自分から治療を欲するまでは、彼らを助けることはできないという仮説は誤っている」とツエリンは主張する。

「『治療を受けるか、さもなければ…』という方法が、現在のところ、最も強力な誘因となる。研究によれば、強制的に治療させられた者は、自発的に治療を受けた者と同じ程度の回復率をもっている。

もし、あなたが、こうした人々に接したならば、非難したり、批判的にならないほうがよいとツエリン博士は助言する。同時にその人たちの行動について逃げ口上を与えてはならない。

この場合の思いやりのある行動とは、従業員に治療を受けさせることであって、逃げ口を与えることではない。薬物乱用者は現実との接点を失っていることがあるから、あなたが、その人の薬物乱用を疑うに至った理由—遅刻、作業上の誤りなどを正確に説明する準備がなくてはならない。

こうした証拠を出したあと、あなたが失われた工数だけを気にしているのではなく、その人の健康と将来を心配していることを、相手が理解するようにしなければならない。この点は、その人が治療を受けたならば、職にとどまることができることを保証して補強することができる。

☆思いやりは行動を必要とする

「リーダーは、無条件の愛（同時に「断固とした」）を形に表すことによって、人間の組織に精神性を注入することができる」と事業経営のエキスパートであり、著述者であるカロル・エス・ピアソンは言っている。

従業員を解雇するときでさえ、リーダーは「必要な措置をとるとともに、本人の人間としての値打ちに変わらぬ尊敬をもつことを明らかにする必要がある」と彼女は言う。

思いやりということは、哀れみよりもずっとむずかしい。哀れみには行動を伴わないことが多いが、思いやりは行動を必要とする——たとえば、薬物乱用者にもう一度の機会を与えるというように。

モーセがイスラエルの人々に不毛の砂漠を横断するよう駆り立てたとき、彼は、飢えに泣く子供たちの声にすくみ、その両親に向かって「よし！　あなたの子供たちを、きゅうりやメロン、葱や玉葱のあるエジプトに連れ戻せ」と言いたいと思ったにちがいない。

しかし、モーセは、長期の観点をとった。人々を自由へと導くことは、人々を主人の食卓に戻すことを許すよりは、より思いやりのあることであった。モーセは、自分の計画——神の法をないがしろにするものにはゼロ容認——を固守したが、モーセの思いやりが人々に長い困難の期間を耐えさせたのであった。

44. 痛みを回さないことを教えよ

☆奴隷はもっとも苛酷な主人になる

モーセの最大の才能の一つは予見の能力であった。

荒れ野を行くイスラエルの人々を導くには、絶え間ない注意と努力を必要としたが、片方の目はいつも将来に注がれていた。モーセは、同胞たちが、遊牧民をやめ、自分たちの国に定住する日を予想していた。定住生活においては、人々が逃れてきたエジプトの奴隷所有者が持つさまざまな誘惑を受けやすい。

この予見は、シナイ山で神が十戒を授けられた直後に起こった注目すべき事件に反映されている。十戒のすぐ次の章に、モーセは単独で神に近づき、新しい社会に住むための補足的な規則を受けたことが記されている。

この規則の第一は何であったか？　それは奴隷所有の規則であった。

監督者のむちを逃れてきたばかりの元奴隷の人たちが、奴隷の取扱いについて教えられる必要があるとは、わたしたちにとって驚きである。元奴隷は、どのような形であれ、奴隷制度を忌み嫌うのではないか？　この問いに対する答えは否であることをモーセは知っていた。逆に、元奴隷はもっとも苛酷な主人になるのである。

モーセは、イスラエルの歴史と人々が躓きやすいところを、痛いほど自覚していた。人々が自分の同胞に、――ノーベル文学賞受賞者のエリアス・カナッティの言う、受難の「痛みを回わす」ことのないようにしようと、モーセは決心していた。

イスラエルの人々の間では、奴隷は、償いの一つの方法であった。奴隷とは、犯罪を犯すか、債務不履行を起こし自分の労務を提供するよりほか返済の道のない人たちであった。荒れ野では、こうした形の刑罰が続くことは止むをえなかった。なぜなら、荒れ野では刑務所はなかった、また、十戒を破った人たちを罰する方法には、集団から追放するか、石で打ち殺す以外にはなかったが、すべての違反がそうした極端な刑罰を課するに値するということでもないからであった。

☆集団の規律としごき

モーセは自分の仕事は、十戒の理想を維持する一方、この法を破った人々を、イスラエルの人々が虐待することのないようにする法をつくることであるとみていた。

奴隷の歴史を考えてみると、痛みを回す方法としてもっともありそうなのは、自分の奴隷を虐待することである。このことを考えるならば、十戒に続く第一の規則として奴隷所有の規則がくることは理屈に合ったことである。

社員の間に痛みを回すという精神状態を助長させることなく、組織の伝統と目標を維持することは、バランスをとることのきわめてむずかしい問題である。学生組合や軍隊における新人のしごきの儀式は、ある集団の一員になるために耐えなければならなかったところを他人にも耐えさせようとする衝動がいかに強いかを示すものである。

職業の世界でも、この傾向は明らかにみられる。医局員として最初の年に三十六時間の交代勤務をさせられたインターン生は、疲れきったインターンが患者や病院のためになろうとなるまいとお構いなく、自分に続く医学生のすべてにも同様にすべきことを求める。

多くの専門職業において、痛みを回すことは事実上一つの制度となっている。法律事務所の下級職員は、一週八十時間から九十時間法律文書と苦闘する。

ロス・アンゼルスにある有名法律事務所のある女性パートナーが、下級パートナーに就任後、仕事量について同僚に洩らした不満を、次のように回想している。

その同僚は、女性パートナーに「ここで求められているのは、ガレー船の奴隷労働なのだ。ただ漕ぎ続けるだけだ」と言った。女性パートナーはこれに答えて、「この事務所にきたとき、ガレー船奴隷の仕事に応募しているのだと知っていたら、もっとたくさんの給与をもらうように要求したでしょうに」と答えた。

大学はまた、試験の採点という厄介な仕事を院生に僅かの報酬でやらせることで悪名高い。一方その間、助教授としての期間を済ました教授は、自分の研究をしたり、教授クラブで長い昼食の時間を過ごすことができるのである。

痛みを回すという感情的な行動は、組織の大きな目標からエネルギーを逸らせる結果を招くことが多い。経営者として、従業員がこの落とし穴に落ちないもっとも確実な方法は、会社における過去の事件を知ることである。

あなたが、起こりそうな問題の原因を知っていれば、問題を迅速に処理する規則をつくることができ、場合によっては、問題が生じることを回避することができる。

☆仕返しとしてのセクシャル・ハラスメント訴訟

痛みを回すことがよくみられる事例の一つに、性な関係の世界がある。どの組織体にも、それぞれ、オフィス・ロマンスがつきものであり、過去十年間にも、これが原因となって性的嫌がらせ訴訟を招いた例があった。

中には、たとえば、支配権をもつボスが嫌がる部下に言い寄るといっただれもが性的嫌がらせと認める明白な事件があるが、多くの性的嫌がらせ訴訟は、その原因がもっともやもやしている。当事者でなければ、二人の間になにがあったかを知ることができないことが多い。

一九九四年、南カリフォルニアにあるクローム鍍金を業とするエレクトロライジング社に起きた事件は、求愛に成功しなかった愛人が、痛みを回そうとしたときにどのようなことが生じるかを示す典型例である。

ロス・アンゼルス・タイムスの報じるところによれば、エレクトロライジング社の秘書が、ある事業所長から性的嫌がらせを受けたことをオーナーに告げた。

オーナーのスーザン・グラントがその男性を面詰したところ、「彼は、あたかも、密告をされたように振る舞い、『あなたとは法廷で会いましょう』と言った」。

秘書も、結局、会社を訴えることになった。

「訴訟になって、会社が敗訴した場合、わたしは、各人の弁護士費用を負担しなければならない」と、会社の援助がなければ訴訟を提起できない従業員を保護するカリフォルニア州の法律を引き合いに出して、グラントは言った。

敗訴は会社の破産を招くかもしれないところから、グラントの弁護士は、二人の従業員が、オーナーに対しこれ以上の申し立てをしないという条件で、法廷外で解決するよう助言した。

しかし、このときまで既に、他の従業員は、この訴訟の痛みを感じていた。

「この訴訟は、会社の全員に影響を与えました」とグラントは回想する。

「従業員はそれぞれ、敵味方に分かれました。…訴訟の対象になっている金額を、口コミで聞いた従業員は、会社が、事業を廃止するのではないかと恐れました」。

その後一年間にわたる、労働意欲改善のための講話、士気昂揚のための教育、弁護士費用の支払いを経過して、従業員の士気は徐々に常態に戻った。

☆職場でのロマンスをどう扱うか

四年後、ロス・アンゼルス・タイムスは、この事件がもたらした思いもかけなかった結果を報じた。先見性のある会社は、訴訟に発展する事前に、性的嫌がらせやオフィス・ロマンスを対処する方法を案出した。

この新しい方法は、インフォームド・コンセント協定〔十分な説明に基づく同意――訳注〕と呼ばれ、求愛中の従業員同士に、恋愛について上役に話すことを奨励する新「デート通知」制度の核心となるものである。

雇用者の側では、二人を叱責したり、カップルの一方を異動させたり、解雇したりしないことを約束し、両当事者は、万一、事がうまくいかなかったときでも、性的嫌がらせを理由に会社を訴えないことを同意するというものである。

このインフォームド・コンセント協定は、性的嫌がらせについての標準的な政策と併用することによって、職場の雰囲気を明るくする。

この制度は、ティーンエイジャーのように、こそこそ隠れて動くことを余儀なくさせることなく、従業員を責任ある成人として扱う。その一方、会社は、本当に性的嫌がらせを受けている者には救済措置を講じる。また、訴訟を提起することによって、失敗に終わったロマンスの痛みを回そうとする元愛人に、その企てを思いとどまらせることになる。

奴隷所有の法のように、このデート通知方式は、職場の歴史の理解、さらに重要なことは、人間性をあるがままに受け入れるということから生まれた。

ジョーナス・ソークがかつてわたしに語ったように「知恵とは、あのときはああしておけばよかったと思うことを事前にする能力」である。

どのような事業でも、従業員が、痛みを回したくなるような弱点を本来的にもっている。それは、教育訓練方法、コンプ・タイム〔時間外労働賃金に代えて与えられる休暇時間――訳注〕、クレジット・シェアリング〔集団に与えられた業績・功績に対する評価の配分――訳注〕、休暇中の給与、デート政策〔従業員同士のデートを禁止するか寛大に扱うかについての会社の政策――訳注〕などあらゆる面に及ぶ。

先見性のある経営者は、企業のもつ弱点を知り、現在の方針を点検し、もし、必要とあれば、従業員が自分たちの不満に伴う痛みを他人に回すことを思いとどまらせる新しい規則を定めなければならない。

45.

うわさ話を追放せよ

☆中傷と暴行は同じもの

モーセがおきてを公布したとき、「あなたは、民のうちを行き巡って、人の悪口を言いふらしてはならない。あなたの隣人の血が流れるのを傍観してはならない」とあらゆる形のうわさ話は厳しく禁止されることを明らかにした。

悪口を言いふらす人はヘブライ語では同根の言葉である行商人からきている。常習的なおしゃべりは、行商人と同じように、戸口から戸口へ、他人に関する情報を運ぶ。

しかし、うわさを広げることと、血を流すこととは、どのような関連があるのだろうか？　人を中傷する人を傍観することとは、人が物理的な暴行を受けている場合に傍観しているのと、道徳的には等しい。うわさ話の犠牲になった人は普通、両者を重ね合わせてみるものである。

うわさ話を禁じるモーセの法は、聖書学者の間に多くの論争を生んだ。たとえば、人々は、ときには、「そうね、それは真実だからね」と言って、うわさ話をすることを是認する。

この点について、聖書は、うわさ話を人の名誉を傷つける真実である情報と定義して、興味深い立場をとっている。たとえその人が他人を害するつもりはなくても、うわさを撒き散らすことがいかに他人を傷つけるかを示すたとえ話はたくさんある。

☆うわさ話は三人の人を傷つける

わたしのお気に入りの一つ。ある女性が、隣人のことを「彼女はいつもコンロでなにか煮炊きしている」と評した。この言葉は、その隣人が気前のよい女主人で、いつも、来客のために食事を用意しているという誉め言葉ととれよう。あるいは、その婦人とその家族が大食家であるという軽蔑の意味にもとれる。

異なる文化、または社会経済的背景を異にする人々は、意見、あるいは言葉さえさまざまに理解するから、あなたの従業員が多様になればなるほど、こうした誤解の可能性は増える。

わたしたちがうわさ話をすると、三人の人、すなわち、話し手、聞いている人、うわさの対象になっている人を傷つける。このことは、話し手の意図がどうであれ、本当である。たとえ、うわさ話が肯定的なものでも、害をもたらすことがある。

「ステヴの相棒、トミーを見た? なんていかす男でしょう。—なんてセクシー」とあなたは、仕事仲間に吹聴するとしたとしよう。ステヴの性的志向はあなたにとってはどうでもいい問題であるだろう、

しかし、他の従業員は、それをどのように思うかはだれにも分からない。ステヴは、あなたの

無駄口によって、次の昇進から外れるかもしれないのである。

☆Eメールで飛び交うわさ話

うわさ話は、今日、モーセの時代と同じように大きな問題である。むしろ、当時に比べて、うわさ話を撒き散らす手段は増えている。

わたしは、ある石油化学工業会社の人事部長と昼食をともにした際、無駄口に関する痛ましい話とその結末について聞いたことがあった。当然のことながら、部長は、会社の名称や関係者の名前を明かさないように頼んだ。

「昨日のことだが、わたしの事務室で、一人の女性が腰掛けて涙にむせんでいた。彼女は既に、退職願を提出していたが、退職しようとする彼女の理由を聞いて、わたしは再考するように頼んだ」。

この女性は、仕事仲間と短い情事をもった。したい放題のあと、男性は、二人の性的関係の詳細な図解を会社の全員に、Eメールで送ると脅かした。

彼女は、最初は脅しを無視していたが、しばらくして、彼女は、同僚の顔の薄ら笑いに気づくようになった。彼女が一人に問い質したところ、同僚は、その女性に関し「大変興味深い」Eメールを受け取り、その女性の元の男友達が次回には、写真を添付することを約したとその女性に洩らした。

「彼女は、彼女の取りうる唯一の道は会社を去ることであると言ったが、『どうしてあなたは、あなたが会社を辞めたのち、彼が問題のものを送ることを止めると考えるのですか？　とどまって闘うべきです』とわたしは言った。勿論、わたしたちはその男性を直ちに解雇しました」と部長は言った。

この女性が受けた名誉と心の平静に対する傷は取り返すことはできないが、経営者は、男性を解雇することによって、うわさ話は解雇の原因になることを明らかにした。

☆職場でのうわさ話は厳禁

モーセは、インターネット上のうわさ話に対処する必要はなかったが、しばしば荒れ野の中で、思いやりのない「不平のつぶやき」の的になった。

忘れられないのは、モーセの兄弟姉妹がうわさを撒き散らした人になった事件で、人種の異なる女性と結婚したとしてモーセを非難したことであった。

「モーセはクシュの女を妻にしている」と言った直後、主は、モーセ、アロン、ミリアムを呼び「あなたたちは三人とも、臨在の幕屋の前に出よ」と言われた。

主は、モーセの兄弟姉妹の一人に対し、激烈な叱りの言葉を発せられた後、「重い皮膚病にかかり、雪のように白くなって」いたミリアムを残して去って行かれた。（ミリアムは、黒い肌の女性を悪く言ったので、神は彼女を白くされた。聖書にユーモアがないことはないのである）。

モーセは「神よ、どうか彼女をいやしてください」と妹のために主に助けを求めた。主は哀れに思われ、ミリアムの病が七日だけ続くことにとどめられた。しかし、他人のことを喋るなという目的は達せられた。

経営者としてあなたは、モーセと同じように、従業員のお喋りに煩わさせられる一人である。

しかし、うわさ話は、だれをも傷つける。

Eメールが飛び交うまで待つな。

従業員に、事業の場では、うわさ話は大目に見られないことを知らせよう。

46. あなたのつくり出した危険に責任をもて

☆安全についての聖書の立場

現代の社会がもし、聖書に定められたおきてが厳格に守られる社会であれば、法律家の多くは職を失うことであろう。

危険な状態をつくり出したものは、その結果生じる損害をすべて償う責任があると、聖書の定めるおきては明快である。

すなわち「牛が男あるいは女を突いて死なせた場合、その牛は必ず石で打ち殺されねばならない。…もし、その牛に以前から突く癖があり、所有者に警告がなされていたのに、彼がその警告を守らず、男あるいは女を死なせた場合は、牛は石で打ち殺され、所有者もまた死刑に処せられる」と出エジプト記に記されている。

聖書は、自分の牛が突く癖があることを知っていながら、それを放置しておいた場合、持ち主は、損害に対して責任を負わねばならないと、安全の問題についてはきわめて直截である。

過去数十年の間に定められた健康、安全、環境に関する法律は、わたしたちの社会がようやく、他人に危険を与えてはいけない、あなたが知りながら危険を与えた場合、あなたはその償いをしなければならない、とする聖書の基本原則に追いつきつつあることを示すものである。

☆予知される危険に備える

初めて子供をもった夫婦が、自分たちの小さな子供のため、住まいを安全な場所にしたいと思えば、大変な苦労をして電気のコンセントにはカバーをし、漂泊剤や流し管洗浄剤は錠のかかる戸棚に入れて子供の手の届かないようにする。

経営者として、あなたは、あなたの「家庭」で一日の大半を暮らす従業員を含めるところまで、この姿勢を拡げる必要がある。政府と大企業は、たばこの害、ＤＥＳ〔合成女性ホルモンの一種――訳注〕、漏れ孔のある燃料タンク、プルトニウムの投棄の責任など、その法的責任をめぐる訴訟に耽っているかもしれないが、一人の個人としては、あなたはより高いより単純な基準を保持しなければならない。

もし、あなたあるいはあなたの会社が、故意または過失を問わず、危険な状態をつくり出した場合には、ひとたびそれに気づいたならば、あなたはその危険な状態を取り除く道徳的義務をもっている。

職場の内外において、わたしたちは、牛が突くことを放置しておいていいかどうかの決定に迫られる。車のオイルの交換、家のペンキ塗りといった小さなことであっても、オイルやペンキを適切に処理するか、法律に違反して下水に流すかといった、選択の余地がある。

わたしの会社、イメージ・ムーヴメント・テクノロジー社は、アジアで製造される合成紙を使用して広告システムを製造している。この紙は、わたしたちの要求に完全に合致しているが、一つ欠点をもっている。この合成紙に使用される印刷インキは通常の用紙に使用されるインキとは異なり、生物の作用で分解せず、特別のリサイクルを必要とするため、通常のインキの使用に比べコストがかかる。

わたしにできる選択は、インキをコストをかけて安全に処理するか、この製品を使用しないかのいずれかである。もしわたしが神の法を尊重するならば、インキを処理することなく下水に流すことは、わたしの選択肢に入らない。

危険な廃棄物ということでは、事実、印刷会社は最悪の違反の常習者であった。カリフォルニア州ヴェニスにある印刷所のオーナー、ダニー・ベン・サイモンは、その状況は変化しつつあるとして次のように言う。

「世間では知っていないが、印刷産業で使用される原材料を製造する会社は、製品が環境を汚染させないようにするための研究・開発に大きな金を使っている。わたしたちは、危険の恐れのある原材料を仕入れることはないが、どの仕入先や製造業者も、安全な原材料を供給しようとすることを考えていなかった。環境的公正であるという意識が高まった現在、環境的公正さは大きなセールス・ポイントになる」。

メーカーはおそらく、自らはそうした研究開発をすることを選ばなかったであろうが、印刷業者や公衆がより安全なインキを要求し始めると、そうした製品を販売品目に加えることによって売上高を増加させることができることに気づく。一般社会が知ることが産業を変えたのである。

☆企業がつくり出す危険を一番よく知っているのは経営者である

知っているということが、牛を突くがままに放置してはならないという神の命令の中心をなしている。

政府の規則に依存するだけでは十分ではない。健康や環境に関する法規は、通常、訴訟がきっかけで制定されるが、訴訟はまた、長期間放置されてきた危険に対する対応である。

多くの場合、一般公衆は、危険から守るための法律が立法されるずっと以前から危険を知っている。

たとえば、さまざまの研究によれば、たばこの副煙は、それにさらされる非喫煙者にがんを生じさせる恐れがある。この情報に対する州の対応はまちまちであるから、職場で喫煙を許すかどうかを決めなければならないのは、雇用者であることになる。

あなたが、職場での喫煙を禁止するには、あなたの住む州が法律を制定するのを待たなければならないだろうか？　法律的には待つことができる。

しかし、神の目にはできないのである。あなたは、牛が突くかもしれないことを知っている。したがって、あなたに責任があるのである。

政府の規則は、あなたが他人を危険にさらすかもしれないあらゆる場合を網羅することはできない。あなたの良心だけがその範囲を規定する。職場の安全はどこまで促進すべきか？　慎重過ぎるべきである。

昔の聖人が「聖書の周りに防護壁を設けよ」と助言しているが、それは、必要より少し厳格にせよということを意味する。

もし、規則が僅かだけ厳格であれば、人は道徳上の罪を犯す可能性がそれだけ小さくなると聖人たちは考えたわけだ。

この哲学にあわせ、伝統に忠実なユダヤ人の中には、必要とされるよりは少し早い目に安息日に入り、少し遅く終わる者がある。安息日の期間を延ばすことによって、だれもが、不測の事情によって安息日のおきてに違反することのないようにしているのである。

同様に、健康や安全に関する規則が、絶対的に必要なところより少しだけ厳格に定められているならば、あなたの従業員は、それだけよく保護されていることになる。

聖書を読む一つの楽しみは、それが与える視覚心像の明確さである。

あなたの会社のつくり出したかもしれない危険に対する損害賠償をしなければならないかどうかといったことを検討する場合、わたしたちは法律上の細かな相違点に囚われがちである。

しかし、あなたが、突くことが知られている牛に置き換えて事情を考えるならば、原則――あなたの道徳上の命令――はより明確になる。

47. 従業員を公正に扱え

☆労働者の扱いについての聖書の立場

労働安全衛生局や雇用均等法ができるずっと以前に、モーセは、従業員に対する人間的扱いの骨格を確立していた。主は既に、主の民に、殺すなかれ、盗むなかれ、偽証するなかれと要求されていたが、労働者の扱いについては、主の要求はより詳細であった。主は言われる。「奪い取ってはならない。雇い人の労賃の支払いを翌朝まで延ばしてはならない」と。

また、神は、「人が自分の男奴隷あるいは女奴隷の目を打って、目がつぶれた場合、その目の償いとして、その者を自由にして去らせねばならない。もし、自分の男奴隷あるいは女奴隷の歯を折った場合、その歯の償いとして、その者を自由に去らせねばならない」と、伝統的に権利をなんら持っていない者の公正な扱いにも、等しく関心を示されている。

☆賃金を正しく支払う

経営者にとって、これらの法がもつ潜在的な意味は広い。「労賃の支払いを翌朝まで延ばしてはならない」は、ほぼ、「賃金の支払いを遅らしてはならない」と解される。

事業のオーナーの中には、内心、従業員は支払いを受けるまで少しくらいは待っても気にしないだろうと、考える者がある。

しかし、従業員は気にするものであり、雇用者として我々は、個人的な負担がどれほどかかろうと、従業員に対する約束は守る道徳的義務をもっている。

ネットワーク・ワンの設立者スキップ・レーンは、「賃金をアメリカン・エクスプレスの個人カードと同様に個人として責任をもたないと生きた気持ちがしない」と言っている。

賃金の支払いを絶対に遅らさないことが、あなたの道徳的・人格的な誠実性の例証となる。一日でも賃金の支払いを遅らすことは、会社の安定性に対し、また、あなたが従業員の仕事をどれだけ尊重しているかについて、従業員に、警戒信号を発していることになる。

☆安全な職場をつくる

従業員を公正に扱うということは、ただ賃金の支払いを遅らせないということだけにとどまらない。安全な職場をつくること、事故が起こった場合、千里の道を遠しとしないといったことは、従業員の忠誠という大きな配当をもたらすであろう。

アルコ・プロダクツ会社の医療担当部長のハワード・スターン博士は、会社が、従業員に対する思いやりと尊重の念をもつことを示す機会となったと、ある事故を回想して、次のように語った。

「わたしの会社の従業員がネバダの高速道路で、タンクロリーを走らせていたとき、岩石がフロントガラスにあたり、ひどい怪我をしたことがありました。事故の現地で治療させるという方法もあったのですが、わたしたちは、全国最高の専門医の診断を受けることができるように、ロス・アンゼルスの眼科専門医のもとにその日の内に飛行機で送り返すようにしました。治療の経過は良好で、運転手は間もなく仕事に復帰しました。運転手は、治療の質について少しも疑問や心配をもつことはありませんでした。また、会社は、従業員のだれにでも面倒をみてくれることをいつまでも忘れることはないでしょう」。

予防的健康管理制度に加入することは、従業員に対する会社のコミットメントを示す一つの方法であり、「プロアクティブ」的〔生じてしまった問題に事後的に対処するのではなく問題が生じる前に改善すること――訳注〕公正さを実践することになる。

健康管理の個人開業者の組合であるＰＨＰベネフィット・システムは、事業の一つとして乳がん予防事業を行っており、二十一歳以上の女性の全会員には、乳がん発見、自己診断の手引き、しおり、事業の効果の質問用紙の入った袋を配布される。ＰＨＰの営利事業部門のＨＭＯ〔健康維持機構――訳注〕の健康業務担当の副部長は、この事業のための資金の効果は大きいと、次のように言う。

「乳房レントゲン写真および（乳がん予防事業）のコストは、進行したがんに対処するコスト

―個人の受ける苦痛、資金に―に比べれば僅かなものである。もし、骨髄移植を一つ防ぐことができれば、この事業に要した費用を全額回収したことになる」。

全国保険会社の副社長兼医科部長の、A・ロバート・デヴィス医学博士は、この意見に同調する。全国従業員の八十五パーセントが会社が提供する健康事業に参加している。

「我々は、コンピュータ組織や建物などの維持に多額の金を使っているが、この金は、人間資源を維持するために使用された金である」と言う。

☆従業員は自分自身より大切なものである

人が働くのは、金だけが主たる目的ではないことは、多くの研究が示すところである。従業員は確かに、賃金を求める、しかし、従業員の動機づけに関する調査によれば、賃金は、常に、働く理由のほぼ五位に位置する。従業員にあなたが与えることのできるもっとも貴重なものは、従業員が大切であり、会社の成功に従業員の貢献が欠かせないという意識である。

「当社では高い給料を払っていない。その代わりに、わたしたちは（従業員に）『あなた方が重要なものを築きつつあり、あなたがそれに貢献しており、あなたの声が重きをなす』と常々言っている」とスキップ・レーンは語った。

発足間もない電気通信会社として、最初、彼は、大きな池の中の小さな魚といった感じをもった。従業員を動機づけておくために「わたしは従業員が夢を信じるようにさせなければならなかった。

…わたしはそれをどうしてしたか？　わたしは従業員を自分自身より大切なものとした」とレーンは言う。

従業員を公正に扱うことを定めた州や連邦の規則は数千にものぼる。わたしたちはたいてい、そうした法規の文字面を守ることに重きをおくため、法規の背後にある精神を見失いがちである。本源的には、従業員を尊重すること、公正、迅速に賃金を支払うこと、業務によって健康を害した場合にはその面倒をみること、健康維持のための事業を設けること、これらを行う理由は、訴訟を避けたいため・・ではない。

従業員を公正に扱うことが正しいことであるからである。

48. 計量を正しくせよ

☆あなたは取引において正直であったか

古い伝説によれば、わたしたちがあの世に行ったときに、第一に問われる質問は、「あなたは神を信じていたか?」ではなく、「あなたは取引において正直であったか?」である。わたしたちが販売するものがサービスであろうと、製品であろうと、わたしたちは、あらゆる計量において、徹底して良心的である道徳的義務を持っている。

レビ記には、次のように書かれている。

「あなたたちは、不正な物差し、秤、升を用いてはならない。正しい天秤、正しい重り、正しい升、正しい容器を用いなさい」。

この教えは、戸惑いを感じるほどに単純であるが、日常生活においてこれだけの正直さが要求されるのは、わたしたちが心の中で無意識に行っているさまざまな自己正当化を克服するためなのである。

☆誤魔化しによって自分の受ける損失

顧客が、巨大で個人的な色彩の少ない組織体である場合や、顧客との関係の別の面で自分が公正に扱われていないと感じていた場合には、わたしたちは、顧客を欺くことはいささかも道徳から外れたことではないと自分自身に言い聞かせることがある。

「相手は政府だ。―政府はわたしから税金をだましとっている。十ドルのハンマーを百ドルで売りつけて悪いことはなかろう？」あるいは、「相手は大企業だ。僅かの金は相手にどういうことはなかろうが、わたしにとっては大金だ。少し高い目に吹っかけよう」と売り手は理屈をつける。

たとえ、顧客に金を支払ったとしても、わたしたち自身がその代価を支払うことになるのだということを十分に自覚することなく、わたしたちは、この種の誘惑に陥りがちである。つまり、自分たちの誠実さについての自尊の念を失うことによって、あるいは、道徳観念の微細な差異への感受性を失うことによって、あるいはまた、顧客との間の信頼が徐々に損なわれていくということにおいて、わたしたちは代価を支払うことになるのである。

「パス・オブ・ジャスト」〔正義の道――訳注〕という倫理の論文の著者モッシェ・チェイム・ルザットは、次のように述べている。

「ほとんどの人は、隣人の所有物を取り上げて、自分の所有物とするといった意味での明白な泥棒ではないが、多くの人は、事業取引では、『事業は別だ』と言って、隣人の損失において、自分を利することを許すことにおいて、窃盗犯人の気味を帯びる。購入者に対し、商品の真実の値打ちや美しさを示すように努力することは、適切妥当であるが、その欠陥を隠すことは詐欺を構成し、禁止されている行為になる」。

☆自己正当化を止めよう

聖書は、商人に計器を月に一度は正しくすることを求めている。ルザットは、「購入者が知らずに、自分の支払ったより少ない量を得、商人が罰せられないことを防ぐために」、このことが必要であると説明する。

事業には常に、誤解させたり、誤魔化―ほんの少しだけ―したいという誘惑がつきまとう。

多分それは、マーケティングとして適切な行為である商品のプラス面を強調することと、真実でないことを仄めかすこととの差異が微妙であることによっているのであろう。またおそらく、それは個人的に利益を得たり、損失を蒙ることに直面した場合には、人は自己正当化し、自分を欺こうとする傾向が強いことによっているのであろう。

理由はどうであれ、わたしたちが売る商品の量を客観的、公正に計る計器を確立することによって、わたしたちが本来もつ自己の利益を優先する傾向を克服することへの努力をモーセは提案しているのであろう。

☆時間の測定・記録も正しくしよう

コーヒーや金の重さを量る場合であれば、計器（調整が正しくなされている限り）に頼ればよい。

しかし、たとえば、コンサルティングや法務サービスのようなサービス業の場合は、委嘱者としては依頼した業務にどれだけの時間がかかったかは、受嘱者の作業時間記録を信じるより他に道はないのであるから、受嘱者の側で正確な記録がなされていることがなおさら必要になる。

執務時間によって報酬を計算する契約をした弁護士が、ある依頼者の仕事中に、別の依頼者からの電話の応対に十分かかったとした場合、その十分の入れ合わせに十分余分に仕事をするだろうか？　それとも彼は、「短い電話だったから、どういうことはなかろう」と言うか？　あるいは「この依頼者は、支払能力がある。電話の時間を差し引かずに請求してもどういうことはなかろう？」というか？　四十歳で死んで、天国の入口で面接を受けた弁護士についてのジョークがある。弁護士は「なぜ、こんなに早くお呼びになったのですか、わたしは四十歳に過ぎません」と不平を言った。門番は記録を調べて「それはおかしい。あなたの報酬請求記録の時間によれば、あなたは既に九十歳になっている」と言った。

モーセは、依頼者が支払能力を持っているかどうか、依頼者が気がつくかどうかは、関係がないのだということを伝えようとしているのである。

雇用者もまた、従業員をだます手段として、時間測定にまわりくどい方法を使う。ボスは、「今週、ちょっと残業してくれ。好きなときに休めばいいから」と言う。その言葉に従って従業員は残業手当なしに働く。しかし、約束の休みはとれない。それに代わって、残業はますます増え、休暇の約束はますますあいまいになり、――従業員はうまく利用されているという感じを強める。

もし、あなたが、時間外労働に対して代休を与えるのであれば、一定の期間が経過した時点で、「補償時間」を現金で買い上げる方式を設けるべきである。

☆顧客があなたにおいている信頼を思え

計量を正しくすることは、正確な計器を備えること以上のことを必要とする。それは、あなたの顧客があなたに置く信頼と、顧客があなたに支払ってくれる報酬の価値とを細心の注意をもって尊重しようとする確固とした精神的態度である。

聖書の格言「自分自身を愛するように隣人を愛しなさい」に立ち戻れば、計量について述べられていることの意味はより明らかになろう。

あなたは、依頼した弁護士が、他の依頼者と電話で話していた時間について請求されることを望まないであろう。あなたが欺かれたいとは思わないと同じように、他の人も欺かれたくないのである。この倫理的な真実は明白であるが、市場における競争の圧力の下にあっては、この倫理に従うことはきわめて困難になる。こうした理由から、事業倫理が、聖書で大きな重要性をもたせられているのである。

つまるところ、あなたが時間を正直に記録するか、製品の包装を誤解を招かないようにするかどうかが、この世で行われるあらゆる祭儀にまして、あなたの精神的な幸福に影響を与えるのである。

49. 目の見えぬ者の前に障害物を置いてはならない

☆そんなことはしないと思っているが

モーセは社会の基礎を、煉瓦を一つずつ積み重ねるように、多数のおきてでもって築いた。おきての多くは、「あなたは盗んではならない。うそをついてはならない。互いに欺いてはならない。…あなたは隣人を虐げてはならない。奪い取ってはならない」というように直截であったが、これほどはっきりとしたものではないが、同様にわたしたちに教えるところの多い別の種類のおきてがある。

その一つは「耳の聞こえぬ者を悪く言ったり、目の見えぬ者の前に障害物を置いてはならない。あなたの神を畏れなさい。わたしは主である」である。

わたしたちは、毎朝、耳の聞こえない人の悪口を言ったり、目の見えぬ人をつまずかせてやろうとして職場に行くのではないが、立ち止まって、暫く考えてみるならば、日常生活においてこのおきてを、どのように適用するべきかがはっきりみえてくる。

☆耳の聞こえぬ者を悪く言うとは

耳の聞こえぬ者を悪く言うことは、その場に居合わせて自分を弁護することのできない従業員をこき下ろしたり、あるいは直しようがないことがわかっている女性の精神的・肉体的能力や容貌に不快感を表すことに異ならない。

耳の聞こえぬ者を悪く言うことは、それ自身だけで既に悪いことであり、ただの噂話をするという以上のことなのである。耳の聞こえぬ者の悪口を言うことは、あなたの敵意に気づいていないばかりか、それをその女性の面前で言ったとしても、悪口の対象になっている女性個人の特徴を変えることができない人の名誉を傷つけることになるのである。

たとえ、あなたの悪口がその人に「聞こえない」としても、他の人に及ぼす害ははかりしれない。あなたは、その女性への軽蔑を公然と示していることになり、それは組織全体に好ましくない波紋を引き起こす恐れをもつのである。

☆眼の見えぬ者の前に障害物を置くとは

目の見えぬ者の前に障害物を置くことについてはどうだろうか？ 自分で決定する能力のない人に誤った助言をすることは、その人の行く道に障害物を置くことになることは間違いない。

セールスマンが、購入者が絶対使用することはないであろう複雑な機能をもつ高価なコンピュータを買うよう勧めるならば、セールスマンは、その人の道に障害物を置いているのである。

ニコチンが物理的に耽溺性があり、有害であることを知っていながら、煙草に故意に少量のニコチンを加える煙草会社もまた、目の見えぬ者の前に障害物を置いているのである。

☆消極的な残酷さ

経営者あるいは同僚として、あなたは日々、比喩的にいえば、耳の聞こえぬ者を悪く言ったり、目の見えぬ者の前に障害物を置く数多くの機会を持つ。もしあなたが文字どおりに、目の見えぬ者の前に障害物をおいて、人がそこを通るのを待てば、その行為の卑劣さは明白である。しかし、日常生活においては、問題がぼやけることが多い。

あなたの補助者が、本当のところは、単独で、販売活動を準備し、実行する用意がないことを知っておりながら、補助者に「やれ！　うまくやると信じる。わたしの助けは不要だ」と言う。同僚が気づいていない重要な情報をもちながら、同僚が会議で意見を発表するまでは、もし彼がそれを知ったならば、意見を変えたであろう資料を提供しない。人に監督者として必要な訓練を施すことなく、監督者の地位につける、などなど。その可能性は数限りない。

耳の聞こえない人の悪口を言う場合、あなたの悪口が当人の耳に達したとき、悪口を言われた人は、当然のこととして感情的に大きな痛手を受ける。障害物を置くという場合は、無知の人――比喩的にいって目の見えない――は傷つき倒れ、実際に、害を受ける。ニコチンは無害であると信じていた者は、その中毒になり肺がんで死亡する。準備ができていない仕事をするように説き伏せられた者は、失敗し、その経歴に傷がつく。理解できず、また、購入余力がないのに、サービス、製品、その他の財産を買うように説得された客は、破産に追いやられる。
いずれの場合にも、あなたはソファにゆったりと座って、「買い方注意」―躓き倒れたのは、目の見えなかった人自身の責任であると言うことができる。

☆すべての人は尊重されるべきである

モーセの法は、この種の行為を禁じたものである。なぜなら、こうしたことは、身体障害や知力・能力の限界の如何を問わず、すべての人は尊重されるべきであるという人間社会の基本的な信条を根本から崩すことになるからである。

モーセはとりわけ現実的であった。

彼は、そうした行為が、道徳的に悪いという理由から人々がそうした行為を差し控えるであろうとは信じなかった。そうしたところから、モーセは、警告の後に「あなたの神を畏れなさい」という言葉を付け加えたのである。

お互いを、このような消極的な残酷さをもって扱いながら、自分が傷つかないでいることを望むことはできない。換言すれば、そのように行動する人間であるということだけで、また、そのように行動する人間であると知られることによって、わたしたちは、わたしたち自身を傷つけるのである。

聖書によれば、こうした行為から、果てしない結果が生じる。聖書を読むことに益があるとすれば、それは、最初はぼんやりしているようにみえる状況が生き生きとした喩えをもってわたしたちに示されることにある。

一度あなたの心中に入るならば、これらの喩えは、いつもそこに残る。

耳の聞こえぬ者を悪く言ったり、目の見えぬ者の前に障害物を置いてはならないと読んだ今、あなたは、自分たちのしていることの意味をより容易に明確に理解できよう。

50. 小さな心遣いを忘れないようにせよ

☆人生は小さな心遣いの積み重ね

モーセは、エジプト人の監督を殺し、もし捕まれば死刑に処せられる指名手配人として、友人もなく一人で、ミディアンの荒れ野に入った。やがて彼はその地の劇的出来事に引っ張り込まれる。「さて、ミディアンの祭司に七人の娘がいた。彼女たちがそこへ来て水をくみ、水ぶねを満たし、父の羊の群れに飲ませようとしたところへ、羊飼いの男たち来て、娘たちを追い払った。モーセは立ち上がって娘たちを救い、羊の群れに水を飲ませてやった。

娘たちが父レウエル〔エテロ――訳注〕のところに帰ると、父は、『どうして今日はこんなに早く帰れたのか』と尋ねた。

彼女たちは言った。『一人のエジプト人が羊飼いの男たちからわたしたちを助け出し、わたしたちのために水をくんで、羊に飲ませてくださいました』。

父は娘たちに言った。『どこにおられるのだ。その方は。どうして、お前たちはその方をほうっておくのだ。呼びに行って、食事を差し上げなさい』」。

モーセは、命からがらメディアンに逃げた。彼は、見知らぬ七人の若い女性に好意を示した。そのお礼に彼女たちの父親は、モーセを招待して食事を共にした。モーセは、後に、エテロの娘の一人ツィポラと結婚した。

他人の幸福のための心遣い、あるいは簡単なもてなしの小さな意思表示が、あなたとのつながりに対する人々の意識にきわめて大きな影響をもつ。

人生は、小さな意思表示の積み重ねである。—開けた扉を後に来る人のためにもっておく、事務所を訪ねてきた人のために一杯のお茶を出す、秘書に子供の流感が治ったかどうかを尋ねるために十秒使う。あなたと共に仕事をしている人たちに、こうした「無作為の親切な行い」をする機会を常に探すようにしよう。

☆ティー・ブレイクが企業文化を創る

心をこめて人に接するという小さな慣習でも、企業の文化に大きな影響をもつ。

カリフォルニア州ヴェニスのワークトーク・コミュニケーション・コンサルティング社の社長エリザベス・ダンティガーは、紅茶のメーカーT・J・リプトンの本社で文書の作成法の教育をしていたときのことを、次のように回想する。

「全員、熱心に訓練に集中していたが、午前十時十五分になると、突然、皆が顔を見合わせ、扉の方を見始めた。何事が起きたのかと尋ねたところ、一人の人が『お茶の車です。毎日、この時刻になると、ホールにお茶の車が来ます。ティー・ブレイクを見逃す人はありません』と答えた。

わたしは休憩にし全員ホールに出て車をみた。美しい鐘の音が響き、冷たい紅茶、温かい紅茶、自家製のクッキーを載せた車を押すやさしそうな女性の姿が目に入った。それぞれの部屋から従業員が集まってきて、朝の挨拶を交わし、ティー・ブレイクを楽しみました。全従業員のためにこの『お茶の儀式』をつくり出すことによって、リプトンでは、従業員に家庭の雰囲気をつくり出し、また、気持ちを通じあわせる機会を与えています」。

☆心の温かさをどう示すか

仕事上の連絡がますます電子化されるに従い、人間の温かさを示すことが、さらに重要性を増してきている。

一日に四十のEメールと二十五の留守電話を受け取り、既に情報で一杯になっている頭にさらに情報が注ぎ込まれているとき、もし、あなたが、「君がこの企画に熱心に取り組んでいることは承知している。ありがとう」といった手書きのメモを送った場合、その効果はどれほど大きいであろうか。

同じ建物の中で仕事をしているのであれば、会話を電子的にすることができる場合でも、従業員に直接に話す時間をとれ。「顔を合わせる時間」は貴重な商品になりつつある。

スターウッド・ホテル・リゾートの会長兼CEOのベリー・スターンリヒトは、最近、客室を客にとってさらに魅力的なものにする計画を、次のように話した。

スターンリヒトは、それをどのようにしようとしているか？　それは、高品質の枕を購入することによってである。「頭をのせたときに、枕の具合をどう感じるかは、だれもが覚えていることです。よく眠れるかどうかは、枕で決まります。枕一つを少し高く買うだけで、それができます。こうした小さなことが、ホテルの名声を高めるのです」。

☆従業員に昼食を

従業員のことを思っていることを示す小さな心遣いはまた、従業員の忠誠心を高めるのに役立つ。

カリフォルニアの小さな企業のオーナ、エリザベス・ブレンナーは、ずっと以前に事務手伝いとして働いていた頃のことを回想して、次のように語った。

「それは一家で所有している日本の商社で従業員は二十人ほどでした。オーナーの奥さんが毎日、大きな釜にお米を入れて会社の調理場のコンロにかけます。毎日昼食時には、オーナーはお茶碗に盛った白ご飯を礼儀正しく全従業員に出したものでした。従業員は、自分の家からもってきたサンドイッチやファーストフードのハンバーガーを食べることができたのですが、皆そのご飯を少し頂きました。わたしは、そのことをいわばオーナーが、ご飯を食べさすことは自分の務めであると感じていることをはっきりと示したいといった、古風な礼儀を形で以て表すもののように思いました」。

アブラハムが砂漠で客を迎えたとき、彼は客の足を洗い、一番よい羊を屠って食事を供した。

モーセは全く見知らぬ七人の若い女性の羊に水をやった。

現在の経営者は、洗う足もなく、水をやる羊もなく、事はやさしくなった。

しかし、従業員、同僚、顧客一人一人との個人的接触は、あなたの選んだ小さな好意の意思表示を通じ、あなたの性格を示す機会になる。

むすび―言葉から行動へ

事業の経営は、過去十年の間に全体論的［組織を統一体とみ、全体は部分の総和より大きいと考える理論――訳注］な方式を採用する傾向を増してきた。独立部門を重視する方式は廃され、有機的な解決を求める方式が採用されるようになった。

リーダーシップについても、ワンマン方式は廃止され、チームづくりと創造的な問題解決方式が採用されるようになった。

しかし、遺憾なことには、職場における倫理ということになると、進歩の速度は鈍い。我々の多くは、いまもなお一週間のうち六日は情け容赦ない競争に従事し、七日目に魂の救済を求めればよいと考えている。しかし真実のところは、火曜日に取り結ぶ契約は、わたしたちが土曜あるいは日曜にささげる祈りを同じほどの倫理的な重さをもつのである。

事業の世界と倫理の世界は一つのもので、同じものなのである。経営するということは、行動することであり、職場における行動は、常に、事業上の結果と、倫理上の結果をもたらすのである。

ニューヨークのユダヤ神学校のバート・ヴィゾッキー博士によれば、「聖書に書かれていることはすべて事業経営に関係する。出エジプトによって、人々は、家族共同体を出て別の一つの共同体を形成する。おびただしい交渉がなされる。アブラハムは神、ファラオと交渉し、モーセは神、人々と交渉する。もっとも重要なことは、どのようにして権限を委譲するかをモーセが学んだことである。あなたは、倫理的な行動を、株主に対する責任の一部と考えるような精神的風土を必要としている」

モーセを通じて神は、十ではなく六一三の「人間同士の思いやりのおきて」をわたしたちに与えられた。それらは旧約聖書の最初の五巻に書かれている。

もしわたしたちが進歩しなければならないとするならば、わたしたちはこれらのおきてを受け入れ、事業と倫理の調和を図らなければならない。

モーセの物語は、わたしたちがそれを行う一つの方法を示すものである。

幾多の困難を乗り越え人々をリードしたモーセの方法は、次の十の言葉に要約されよう。

(1) 受ける
(2) 調べる
(3) 結ぶ
(4) 生む
(5) 耐える
(6) 解く
(7) 探す
(8) 強いる

(9) 与える

(10) 去る

(1) 受ける（Accept）

たとえあなたが、気乗り薄、気が進まない、仕事に必要な技能を備えていないと思っても、リーダーシップの役割を受けよ。だれかがリードしなければならないのであり、それがあなたかもしれないという事実を受け入れよ。モーセの物語は、リーダーになりそうでもない人が、一歩進みでて、立派にリードすることができることを示している。

自分自身で生まれつきのリーダーであると思わない人がもっとも革新的な考えをもっていることが多い。リーダーシップの役割を引き受け、経歴がどうであろうとも、あなたは社会に貢献できるなにかをもっていることを知ろう。

(2) 調べる（Assess）

あなたが今立ち向かうとしている状況を調べよ。モーセは、エジプト人、ヘブライ人、環境、地形、エジプト文化の歴史を調査しなければならなかった。これと同じように、新しく経営者になったものは、従業員、経営者、環境条件、会社の歴史、会社の目標を調べなければならない。環境条件は劇的に変化するかもしれないが、今ある姿において地形を熟知することを欠かせない。それからまた、倫理的な要素も調べる必要がある。

会社は、その従業員、地域社会、環境にどのような影響を与えているか。経営者としてのあなたの仕事に決定的に重要なことは、会社の財務的目標と社会における役割というより大きな役割とのバランスを図ることにある。

(3) 結ぶ（Connect）

モーセは神と結びつきをつくった。そしてその結びつきが彼の生涯を通じての原動力となった。経営者としてあなたは、会社の目標との結びつきを確立しなければならない。もし、あなたが会社の目標と結ばれず、単に大きな機械の歯車であるように仕事をするならば、あなたはその熱意を持ち続けることはできないであろうし、あなたの使命を達成することはより困難になる。

あなたはまた、あなたの周囲の人々との結びつきを必要とする。モーセがイスラエルの子らとつくった結びつきはその成功に欠くことのできないものであった。聖書の注解者たちは、モーセを「神の人」と呼ぶが、モーセはまた人々の人であった。モーセは神の言葉をイスラエルの人々に伝えたが、モーセと一緒に生き残りのために闘ったのは、イスラエルの人々であった。

あなたの日々の仕事において、あなたは、会社のミッション・ステートメントだけを相手にしているのではない。あなたは人々を相手にしているのであり、したがって、人々との結びつきがきわめて重要なのである。

(4) 生む（Deliver）

あなたの生む成果が、あなたの同僚から尊敬を得させる。聖書では、このデリヴァーという言葉は複雑な意味をもって用いられている［リーダース英和辞典によれば、他動詞としては〈品物・手紙〉を配達する、届ける、納入する、〈伝言などを〉伝える、引き渡す、交付する、〈演説・説教を〉する、〈考えを〉

述べる、〈叫び声を〉あげる、救い出す、解放する、出産を助ける、分娩させる、出産する、〈打撃・攻撃などを〉加える、〈油田が石油を〉出す、〈票を〉集める、〈求められているものを〉与える、なす。自動詞としては出産する、商品を配達する、〈約束など〉を果たすといった意味がある――訳注]。

モーセは、ただ単に神の言葉を人々にデリヴァーしただけではなく、人々の願いや祈りを神にデリヴァーした。さらにまた、モーセは、奴隷からのデリヴァーの道具として使われる人であった。

あなたは、あなたのチームと上級経営者との間の双方向のパイプの役割を果す。あなたは製品をデリヴァーするだけでなく、不公正な扱い、安全でない職場、不当な要求から、あなたの部下をデリヴァーしなければならない。あなたが定めた会社のための目標をデリヴァーするだけでなく、その目標とあなたの部下の幸福とのバランスを図らねばならない。

(5) 耐える (Persevere)

モーセは、ファラオがイスラエルの子らを解放することを認めるまでに、十の災いを待った。注釈者によると、この災いは、数週あるいは数か月の間に起こったのではなく、数年という長い年月の間に起こった。そして、モーセは、ともすれば悪に戻る人々を辛抱しながら、最終的には約束の地に達することを疑うことなく、四十年の長い間荒れ野を導いた。モーセの忍耐が、成功を可能にしたのであった。

モーセと同様に、あなたも、どのような障害が起ころうとも、従業員の味方として、あなたがそこにいることを部下に証明する必要がある。このことは、あなたが、好況、不況を問わず、毎日定刻に出社し、堅実に働くことだけのことによって達成される。より多くの時間を会社で過ごし、より困難なときに耐えれば耐えるほど、あなたとあなたのチームはより強く、より意思堅固なものになっていくであろう。

(6) 解く（Solve）

事業に従事するということは、問題を解くということがすべてである。問題がなくなってしまうということはありえず、もし、あなたが、問題解決を後回しにするだけであれば、後になって、問題は再び表面化するだけである。スミス・アンド・ホーキンスの創立者であるホーキンスは、過去数年の間、永久解決という兎を追う猟犬のようであったが、ある午後、次の啓示を得た。「わたしは将来も問題をもつことになるだろう。というのは、問題があるということは、事業が、急速な学習過程にあることを示すものである」と書いている。

モーセは、彼の率いる人々に食料と飲料水を供給する、生存の技術を教える、彼らの旅路を案内する、約束の地に定住するための準備をするなど、絶え間なく問題を解いた。モーセが自身で問題を解くことができない場合には、自分を助けてくれる人を見つけた。その仕事は彼を圧倒するようなものであったが、モーセは決してあきらめなかった。モーセは、問題が起こるたびに問題を解決し、次の問題に取り組んだ。

(7) 探す（Serch）

あなたの視野を広げてくれる人や考えを求めよ。モーセは、彼が育てられた宮廷、羊の世話をした荒れ野、彼の行政官や次長、義理の父親のエトロというように、きわめて多様なところから知識を吸収した。燃える柴を調査させたのも、彼の生来の探究心であった。あなたの人生においても、あなたの専門分野だけでなく、心理学、宗教、文学、科学など有望と思われるあらゆる分野から知識を求めよ。単独唯一の知識の源泉はありえない。探求者というものは、一つの井戸ではなく、どのようにしてたくさんの井戸から水を汲み出すかを知っている人である。

(8) 強いる（Enforce）

あなたは経営者として一連の規則を強制的に守らせなければならない。規則を強制的に守らせないならば、規則はその意味を失う。十戒がわたしたちに教える一つの重要な真理は、規則が公正であり、正義にかなっている場合でさえ、人々は、規則に従うことを避けようとするということである。誘惑に誘われれば、人々は殺し、盗み、不義を働こうとすることは、現代においても古代の時代と変わらない。

十戒は、人間にとって簡単には達成できない行動基準を定めているが、モーセは、この規定を強制的に守らせることを怯まなかった。モーセがもし、あちらこちらで例外を設けたならば、モーセの率いる集団は内部抗争によって崩壊したであろう。経営者としてのあなたの役割は、あなたの職場の中に平和と礼儀正しさが栄えるよう、あなたが所属する組織の基本方針を公正に首尾一貫して強制的に執行することにある。

(9) 与える（Endow）

モーセの生涯の目的は、ただ単にイスラエルの人々をエジプトから導き出すことではなく、イスラエルの人々が自由の民として栄えるために必要とする知識を与えることにあった。モーセは、イスラエルの人々に、約束の地を手に入れるという使命、信念体系、実際的な生存の技術を与えた。

あなたが残す遺産に思いを致す場合、あなたがあげた利益、新製品以上のことを考えよ。あなたのリーダーシップの取りようは、あなたが全社にわたってみたいと望む価値体系に合致するものであるか？ あなたは、あなたの部下に将来のミッションを与えているか？ あなたの会社が向かおうとするところについての信念を与えているか？ また、成功するために必要な実際的技能を与えているか？

(10) 去る（Depart）

去るときを知れ。約束の地に入ることを拒まれたモーセは、不幸であったかもしれない。しかし、モーセは、新しいリーダーのときがきていることを気づいていた。モーセは、何年も前に後継者としてヨシュアを選んでおり、カナンの国境において、モーセは、公にヨシュアに祝福を与えた。モーセが、その生涯の終わりにあたって、もっとも気にしていたことは、自分が死んだ後、この組織が繁栄し続けることであった。

去るべきときはいつかを、あなたはどのようにして知るか。

モ・サイガルは、彼が創設したセレステリアル・シィーズニング社を最近去った。サイガルによれば、あなたは、次のような問いを真剣に検討することによって、その感触を明確にできる。

◆わたしよりよい仕事をできるものを見つけることができるか

◆わたしは、まだ会社に価値を与えることができるか

◆わたしは幸福か？　ここで働き続けることはわたしの望んでいるところか、それとも、他にやりたいことがあるか？

あなたが大企業のCEOであるか、従業員五人の店舗のオーナーであるか、いずれの場合でも、この質問は貴重である。

これまであなたがどれほど成功してきたにせよ、去るべきときがくる。

もしあなたがそのときを認めるならば、その移行を計画的に行うことができ、また、他の職業、ベンチャー企業、それとも引退なんであれ、あなたの人生の次の段階に希望と力をもって入っていくことができる。

以上の十の言葉はすべて動詞、行動の言葉である。人の信条は、行動に照らしてのみ意味をもつ。信条・主義よりも行為が大切なのである。

「人々がわたしを信じ、わたしの掟を守らないよりは、わたしを信じないで、わたしのおきてを守るほうがよい」と、神がモーセに言われたことを思い出して欲しい。信条は潮の干満のように変動する。重要であるのは行為である。

あなたが、あなたのミッションを遂行するにあたり、人類の幸福という神の法があなたの行為を導き、あなたとあなたによって率いられ人々が、より平和なより報いの多い、人生に導かれることの助けとなりますように。

謝辞

ラビとしての職業生活、また個人としての人生において、わたしは、計り知れない価値をもつ教えを与えられた多くの先達と出会うことができた。これら先達の書かれたもの、あるいは行動は、人々の交わり、それぞれの世代におけるリーダーシップの大切さに関連して、聖書がもつ生命力をあますところなく示している。

わたしはまた、その洞察を分かち与えてくださった企業のCEOや会長に感謝を表したい。タルムードの言葉を借りれば、「わたしの先達のすべてを糧として、わたしは知恵において成長した」

同僚のエドワード・ツェリン博士とその夫人マジョリー・ツェリン博士は、ワークトーク・コミュニケーションのエリザベス・ダンチガーと並んで、事業活動の宗教的見方の事例を収集することに協力していただいた。

コーポレート・イノベションのコンサルタントである親友のトム・ドラッカーは、フォーチュン500に関連して得られた貴重な知見を分け与えられた。

南カリフォルニア大学の経営学大学院の経営および組織学部教授ウォーレン・ベニス博士と知

り合う栄誉をもつことを感謝する。博士の著作はすべて、ナサニエル・ブランデン博士の「職場における自尊」と同様に、わたしにとってインスピレーションの大きな源泉であった。

共著者のリネッテ・パドワに対しても特別の感謝をしたい。彼女は持ち前の明晰さと忍耐をもって、教会の数多くの年中行事を取り仕切ってくれ、大変、助けとなった。著作権代理人のベスティ・アムスタは、出版にあたっての貴重な存在であった。

ポケット・ブック社の上級編集者ミッチェル・アイバーからは、広い知識をもって細部にわたる指導を受けた。特に同氏のお励ましに感謝する。

事務所ではいろいろ助けてくれたハーベイ・モーゲンベッサーに感謝する。

最後に、わたしの家族—エレン、ジェニファー、サラ、およびジョナサン—の理解と支援を感謝する。

訳者あとがき

昨秋のある夕方、人を待つ間、書店のペーパーバックスの書棚に本書の原書を見つけ、パラパラめくっているうちに、「神は細部に宿り給う」という言葉が引かれているのを見つけた。この言葉は評論などによく引用され、自分でも使ってみたことがあって、ながく、その出所を引用語辞典などで調べたり、人に訊ねたりしていたが、分からなかった。ようやく出所が分かった、少なくとも出所を探す手がかりが得られたとすっかり嬉しくなって買い求めたのが本書との出会いであった。

本書の主題になっているのは、三千年の昔、エジプトで奴隷にされていたイスラエルの人々を、解放し、自由な主体的な人間へと変革していくのに、モーセがどのように人々を動機づけ、鼓舞したかの物語であるが、その語りはモーセの言行にとどまらず、現在の企業経営に結び付けられ、企業を中心としたさまざまの組織体経営の人間的側面にスポットがあてられている。

また、単に教訓を抽象的に述べるのではなく、たとえば、従業員に親しく話すにはどのようにすべきかなど、言葉は行動に関わらせて語られ、きわめて説得力をもつ。大企業の人員削減が日々報道され、日本的経営の根幹とされてきた年功序列と終身雇用が崩れ、それに代わる組織原理を見出すことができていない。現在、本書に述べられているリーダーシップに関する五十課は、新しい組織原理を提供するものではないか、翻訳してわが国紹介してはどうかと、新しく出版社を始められたセルバ出版の社主の森さんに薦めたのが、翻訳出版の経緯である。

わが国は戦後、目覚しい経済発展を遂げた。その原動力になったのは、西洋諸国で一八五〇年中ごろから一九〇〇年初期に開発された技術の応用と、いわゆる日本的経営であった。

敗戦の焼け野が原から出発したわが国に、外来の技術は殆ど無限といって言い需要を呼び起こした。物はつくりさえすれば売れた。政府は、需要が不足する場合には公共事業によって需要をつくり出し、また、国内産業を保護した。こうして企業は繁栄し、国民も有り余る物をもった。

しかし繁栄の基礎になった大きな技術革新は二十世紀末には種切れになった。頼みのＩＴも既に息切れの状態である。一方、グローバリゼーションの大波は、政府による産業の保護政策の廃止を余儀なくさせ、また製品の価格競争を激化させた。こうして日本的経営を維持する経済的基盤は失われた。

日本的経営の基本は、年功序列と終身雇用によって、組織あるいはよりは正確にはその長に対する従業員の忠誠心を買収するところにあった。そこでは、「忠」はその言葉がもつ「自己に対する誠実性」ではなく、「私」を殺して組織あるいはその長に仕えることと理解された。そして人々は企業戦士と呼ばれ死ぬほど働いた。それはわが国に繁栄をもたらしたが、当然の半面をも

った。

すなわち、人はだれでも道理を持つものであるが、「私」を殺すことが美徳とされる集団においては、「なにを言っても聞いてもらえないのだから、言っても無駄」という風潮を蔓延させ、自我を、「吾欲す、故に吾あり」といった利己心としてのみ発達させることになった。

私的企業、政府機関あらゆる組織の経営には、組織が達成しようとする使命・ビジョン、それを実現するための正しい決定、第三には使命と決定を実現しようとする従業員の意欲を必要とし、意欲を起こさすには動機づけを必要とする。

使命・ビジョンが明確でないと、決定が正しいかどうかを判断することはできない。正しい決定がなされてもそれを実現しようとする意欲がなくては正しい決定の意味がなくなる。ビジョンをもつこと、正しい決定をすること、動機づけ、この三つがあらゆる組織のリーダーの、なさねばならないことである。

リーダーはまず、確かな未来像をもつ人でなければならない。しかしその未来像は自己の栄光を求めることであってはならない。正しい決定ができるためには、リーダーの下に正しい情報が集まるようにされる必要がある。

リーダーは聞き上手でなければならない。人の意見によって自己を相対化することを恐れてはならない。従業員の動機づけに必要なことは、従業員を手段としてではなく目的、すなわち人格として扱い、またその自己決定権の範囲を広げることである。しかし、リーダーの役割は、それにとどまらない。

リーダーのもう一つの役割は、モデルとしての役割である。人はだれでも「あの人のようになりたい。あの人のように行動したい」と思うモデルをもつものである。従業員が、「社長のような人になりたい」、あるいは「部長のように行動したい」と考え、行動し、そうした従業員の数が増えれば、そこに一つの「企業文化」が生まれる。「あの会社の社員は違う」といった、だれもがほれぼれとするような従業員を生むのはそうした企業文化である。強力な「文化」をもたずに組織は繁栄することはできない。

わたしたちがモデルにしてきた欧州文化の底流には、ギリシャ精神とヘブライ精神がある。ギリシャ人は芸術、科学、哲学を、ヘブライ人は信仰と道徳をもって人類の文化に貢献した。そのギリシャ人にとって幸福とは、事実をあるがままにみて、正しく考えることであった。ヘブライ人にとって幸福とは、神の意志、正しい道理、良心への絶対服従であった。このギリシャ精神とヘブライ精神はともに集団を超えるものである。

逆説的であるが、集団を超える精神をもたない限り集団は、存続していくことはできない。集団を超える原理をもつことによって、集団は、ひ弱なものからかえってより強固なものになり、また、世界に通用するものになろう。

本訳書が、世界に通用する強力な、個人と集団をつくりあげるヒントを与えるものになれば、訳者としての幸いこれに過ぎるものはない。

日本基監教団梅花教会の山下裕三牧師からは、聖書やヘブライ語について教えていただくほか、参考書も貸していただいた。ここに記して感謝の意を表したい。

また、セルバ出版の森さんの大変なお世話になった。ここに記して感謝を表したい。

訳語については、研究社「リーダーズ英和辞典」のほかlongman社の辞書のお世話になった。訳者は、旧約聖書の専門家でも、翻訳の専門家でもなく、原著者から教えを受けたものでもないため思わぬ誤訳をしているかもしれない。気づかれた場合はご教示を得ることができれば幸いである。

二〇〇一年九月

熊野　実夫

聖書引用箇所一覧表（配列は引用の順による）

第一部　メッセージを伝える

1　あなたの力を認めさせ、同時に他人の力をも認めよ＝出エジプト記3－4
2　リーダーシップに必要とされる内なる資質を磨け＝出エジプト記3－11
3　人々と同じ高さに立って語りかけよ＝民数記12－8　出エジプト記20－15、20－16、20－19、20－20－25
　申命記32－46・47
4　拒絶されることを恐れるな＝出エジプト記3－19　マタイ伝7－7、7－8
5　あなたの進もうとする道を明示せよ＝出エジプト記33－12、33－13
6　ミッション・ステートメントをあなたの十戒として使え＝出エジプト記24－3～7
7　信頼は日々新たに獲得する必要がある＝出エジプト記4－1・30、15－1、17－3、17－4
　申命記9－13
8　顔と顔を合わせて交渉せよ＝申命記34－10　出エジプト記33－11　民数記12－7、12－8
9　あなたの次長を最大限に利用せよ＝出エジプト記4－10～16
10　あなたの部下を精神的な奴隷状態から脱却させよ＝出エジプト記6－7～9
11　会社の規則とそれを破った場合の結果を明確にせよ＝レビ記26－3～30
12　叱り方、叱られ方を学べ＝レビ記19－17～19

13 主の名をみだりに唱えてはならない＝出エジプト記20－7
14 人々との結びつきを示せ＝出エジプト記6－6～27
15 誤解が生むいたずらに気をつけよ＝出エジプト記34－29、34－30

第二部　荒れ野の中を率いる

16 あなたの領域を熟知せよ＝出エジプト記1－13、6－9、15－25～27、16－12、16－3
17 回り道をするのがよい場合のあることを知れ＝出エジプト記13－17、13－18
18 才能のある部下に才能を発揮する機会を与えよ＝出エジプト記28－32、31－2～5
19 強さのシンボルを探せ＝出エジプト記25－31
20 チームと共に＝出エジプト記2－11、18－18、17－8～13
21 将来を予測して、有利に利用せよ＝出エジプト記7－10
22 危機を好機に至る扉と見よ＝出エジプト記12－31～33
23 心からの貢献を引き出せ＝出エジプト記35－5～29、36－7
24 やる気のある少数派を探せ＝出エジプト記15－24、16－3　民数記11－4、11－5、13－27～33
25 助っ人は一門の中に求めよ＝出エジプト記4－10～16
26 全体的眺望を見失わないようにせよ＝民数記27－4、27－5
27 修復の仕組みをつくれ＝民数記20－9
28 あなたのアイデアは生き残ることを信じよ＝出エジプト記1－22

29 チームづくりのための儀式をもて＝民数記10－1～10
30 争いは迅速、客観的に解決せよ＝民数記16－3～7、28～33
31 燃える柴を注視せよ＝出エジプト記3－2、3－3
32 自分の力によって、目を見えなくされないようにせよ＝出エジプト記4－21、7－3、10－2、5－2、10－7 民数記12－3
33 創造のための休止期間を設けよ＝出エジプト記20－8～11
34 独りで重荷を背負うな＝出エジプト記18－14～23
35 退社して別の仕事を始める人との結びつきを保て＝民数記32－5、32－6、16～19
36 追放生活を自分を造り変えるのに利用せよ＝出エジプト記2－22
37 引退戦略を立てよ＝申命記31－2～8

第三部　おきてに従って生きる

38 従業員のために立て＝出エジプト記32－7～11、32－31
39 あなたの部下を信じる人にせよ＝出エジプト記14－10～15
40 あなたの決定を固く守れ＝出エジプト記5－9～23
41 専制と妥協するな＝出エジプト記1－22、10－8～11
42 正義を守り、その報酬を求めるな＝出エジプト記2－11～14
43 厳しさと思いやりをどう使い分けるか＝出エジプト記32－7、24～28

44 痛みを回さないことを教えよ＝出エジプト記21－1～13
45 うわさ話を追放せよ＝レビ記19－16　民数記12－1～13
46 あなたのつくり出した危険に責任をもて＝出エジプト記21－28
47 従業員を公正に扱え＝レビ記19－13　出エジプト記21－26
48 計量を正しくせよ＝レビ記19－35
49 目の見えぬ者の前に障害物を置いてはならない＝レビ記19－14
50 小さな心遣いを忘れないようにせよ＝出エジプト記2－16～20

(26) Torres,Vicki."Worker Bees Take 'Bold Steps' on County Contracting." *Los Angeles Times,* September *9, 1998.*
(27) "Winner and Still Champion." *Time,* October 23, *1985.*
(28) Woodlee, Yolanda. "Mayor Acted 'Hastily': Will Rehire Aid." *The Washington Post,* February *4, 1999.*

(9) Goleman, Daniel."What Makes a Leader?" *Harvard Business Review,* November-December *1998.*

(10) Henry, Dennis."Family Ties: Keeping a Business in the Family." *Business98,* December-January *1998.*

(11) Hong, Peter Y."Diversity Driven by the Dollar." *Los Angeles Times,* May *26, 1998*

(12) Krass,Peter."Landed a Monopoly by Always Taking on the Impossible." *Investor's Business Daily,* July 21, *1998.*

(13) Lamb, David. "Ethics, Loyalty Are Tightly Woven at Mill." *Los Angeles Times,* December *19, 1996.*

(14) "Letting Go: Celestial Seasonings' Mo Siegal on How He Knew It Was Time to Step Down." *Inc,* April *1999.*

(15) Lyster, Michael. "Hoops Star Chamique Holdsclaw: How She Became the Best Player in Women's College Basketball." *Investor's Business Daily.*

(16) Morris, Nomi. "Demanding Justice." *Maclean's* June *9, 1997.*

(17) "'Old' Coke Back Again, But Where Will Chains Put It?" *Nation's Restaurant News,* July *7, 1985.*

(18) Pearson, Carol S. *Thinking About Business* Differently ［booklet］. Aliso Viejo, Ca: Inno Visual Communications, *1998.*

(19) Prager, Joshua Harris. "Superman Transforms Spinal Research." *The Wall Street Journal.* November *18, 1996.*

(20) Prickett, Ruth. "Alive and Kicking." *People Management,* May *15, 1997.*

(21) Raspberry, William. "Not-So-Funny Business." *The Washington Post,* February *1, 1999*

(22) Rosenthal, Andrew. "Bush Encounters Supermarket, Amazed." *New York Times,* February *5, 1992.*

(23) Silverstein, Stuart. "New Rules of Office Romance." *Los Angeles Times,* September *23,1998.*

(24) Stettner, Morey. "7 Deadly Phrases That Undermine Managers." *Investor's Business Daily,* April *24, 1997.*

(25) Strebel, Paul. "Why Do Employees Resist Change?" *Harvard Business Review,* May-June *1996.*

(13) Ginzberg,Louis,and Paul Radin.*The Legends of the Jews: Moses in the Wilderness.Baltimore:*Johns Hopkins University Press, *1998*
(14) Ginzberg,Lous,and Henrietta Szold.*The Legends of the Jews: From Joseph to the Exodus.* Baltimore:Johns Hopkins University Press *1998.*
(15) Goleman,Daniel.*Working with Emotional Intelligence.*New York: Bantam Books,*1998.*
(16) de Grazia, Alfred. *God's Fire. Princeton,*N.J.:Metron Publications, *1983.*
(17) Kirsch,Jonathan.*Moses: A Life* New York: Ballantine Books,*1998.*
(18) Luzzatto,Moshe Chaim.*Path of the Just,* 2d rev.ed. Jerusalew/New York:Feldheim Publishers.*1980.*
(19) Senge, Peter M.(editor),Art Kleiner (editor), Charlotte Roberts. *The Fifth Discipline Fieldbook.*NewYork:Currency/Doubleday,*1994.*
(20) Silver, Daniel *J. Images of Moses.* New York: Basic Books,*1982.*
(21) Wildavsky, Aaron. *The Nursing Father: Moses as a Political Leader* University of Alabama Press,*1984.*

◆新聞および雑誌

(1) Atkinson, Greg."Prince of Peach." *Seattle Times,* July 26,*1998.*
(2) Cadbury, Adrian."Ethical Managers Make Their Own Rules." *Harvard Business Review,* September *1987.*
(3) Colloff, Pamele."Contrition." *Texas Monthly,* August *1998.*
(4) Cook, Richard."The Rogers Commission Failed." *The Washington Monthly,* November *1986.*
(5) "Different Worlds: More entrepreneurs are arrving with corporate experties--good ang bad; we ask three what it has meant and what they've discovered." *The Wall Street Journal,* June *6,1998*
(6) Ellin,Abby."Their Business Bible Is, Well, the Bible." *New York Times,* January *17,1999.*
(7) Evers,Tag."A Healing Approach to Crime." *The Progressive,* September *1998.*
(8) "Following Suit: Restoring Harmony in Wake of Harassment Case." *Los Angeles Times,* November *12,1996.*

引用文献リスト

◆聖書は、次の二つの版を用いた

(1) *Tanakb:The Holy Scriptures.*The New JPS Translation According to the Traditional Hebrew Text. Philadelphia and Jerusalem:Jewish Publication Society,*1985.*

(2) *The Chumash,*Stone Edition.New York: Mesorah Publications,*1994.*

◆単行本

(1) Bennis,Warren.On *Becoming a Leader.*Reading,Mass.:Perseus *Books, 1989.*

(2) Bennis, Warren, and Burt Nanus.*Leaders.* New York:HarperCollins, *1997.*

(3) Bennis,Warren,with Patricia Ward Biederman.*Organizing Genius:The Secrets of Creative Collaboration.*Reading,Mass: Addison *Wesley,1997.*

(4) Bloomberg, Michael, with Mathew Winkler.*Bloomberg by Bloomberg.*New York:John Wiley,*1997.*

(5) Bock,Emil.*Moses.*New York:Inner Traditions International,*1998.*

(6) Branden,Nathaniel.*Self-Esteem at Work.*San Francisco:Jossey Bass, *1998.*

(7) Cahill,Thomas.*The Gifts of the Jews.*New York:Doubleday,*1998.*

(8) Covey,Stephen.*Seven Habits of Highly Effective People.* New York: Simon & Schuster,*1989.*

(9) Daiches,David.*Moses:The Man and His Vision.* NewYork: Praeger,*1975*

(10) Dauphinais,G.William,and Colin Price,eds.*Straight from the CEO:The World's Top Business Leaders Reveal.Ideas That Every Manager Can Use.*New York:Simon & Schuster,*1998.*

(11) Dell,Michael,with Catherine Fredman.*Direct from Dell:Strategies That Revolutionized an Industry.*New York: Harper Collins,*1999.*

(12) Farson,Richard.*Management of the Absurd.*New York: Simon & Schuster,*1996.*

著者紹介

RABBI DAVID BARON　（ラビ・デーヴィッド・バロン）

2000人以上の信徒をもつテンプル・シャローム・フォア・ザ・アートというシナゴーグの設立者である。このシナゴーグは、音楽、演劇、美術、ダンスを宗教活動にとりいれ、宗教的体験を深めようとするユニークなものである。ラビ・バロンはまた、二つの盛業中の企業の創業者でもあり、さらに、講師、解説者としてラジオ、テレビで広く活躍し、多くの慈善団体にも関係、ユダヤ・ナショナル・財団の理事の一員である。家族は妻、息子、三人の娘。ロス・アンゼルスに住む。

協力　LYNETTE PADWA（リネッテ・パドワ）

「エブリシング・ユ・プリテンド・ツ・ノウ・アンド・アー・アフレッド・サムワン・ウイル・アスク」（知っている振りをしているが、だれかが聞くかも知れないと恐れていること）の著作の他、「フォア・マザース・オブ・ディフィカルト・ドウター」（難しい娘をもつ母親のために）を含むいくつかの共著がある。家族は夫と息子。ロス・アンゼルスに住む。

訳者紹介

熊野　実夫（くまの　じつお）

1922年大阪生まれ。1954年公認会計士試験合格。1964年昭和監査法人設立、代表社員として加入。1979～1981年公認会計士協会近畿会副会長。1981～1993年阪南大学商学部教授。1997～1999年経済企画庁公共料金情報公開検討委員会作業部会委員。

著書は『企業会計入門』『電気料金行政と消費者』『企業財務情報読本』（以上、中央経済社）『時代を読み解くビジネス用語事典』（洋泉社）など多数。

史上最高の経営者モーセに学ぶリーダーシップ

2001年10月22日　初版発行

著　者　デーヴィッド・バロン　　協力　リネッテ・パドワ

訳　者　熊野　実夫　

発行人　森　忠順

発行所　株式会社セルバ出版
〒113-0034
東京都文京区湯島１丁目12番６号 高関ビル３Ａ
☎ 03（5812）1178　FAX 03（5812）1188

発　売　株式会社創英社/三省堂書店
〒101-0051
東京都千代田区神田神保町１丁目１番地
☎ 03（3291）2295　FAX 03（3292）7687

印刷・製本所　壮光舎印刷株式会社

Printed in JAPAN

ISBN4-901380-04-4